ISBN : 978-2-7540-7723-1
Dépôt légal : octobre 2015
Imprimé en Allemagne par GGP Media GmbH Pössneck

Direction éditoriale : Marie-Anne Jost-Kotik
Édition : Charlène Guinoiseau
Avec la collaboration d'Emeline Bénéteau-Guibert
Conception couverture : Hokus Pokus créations
Mise en page : Emilie Guillemin
Production : Emmanuelle Clément

Éditions First, un département d'Édi8
12, avenue d'Italie
75013 Paris - France
Tél : 01 44 16 09 00
Fax : 01 44 16 09 01
e-mail : firstinfo@efirst.com
Site Internet : www.editionsfirst.fr

GILLES GUILLERON

LES 333 PROVERBES FAVORIS DES FRANÇAIS

SOMMAIRE

INTRODUCTION

Comme dit le proverbe...

Ils sont passés par ici, ils repasseront par là... Ils sont des milliers et des milliers ; on en trouve à chaque époque, dans la plupart des sociétés, transmis de génération en génération. On les appelle « la sagesse des nations », « la sagesse populaire » ; aujourd'hui, les linguistes les étudient avec précision dans une science, la parémiologie (non, ce n'est pas un gros mot !). Ils ? Ce sont les proverbes, ces formules (parfois magiques !) où l'on peut retrouver tous les moments de la vie, tragiques, tristes, imprévus, absurdes, joyeux ; les peurs, les angoisses, les expériences, les certitudes, ou les aspirations. Tournures brèves, souvent injonctives et définitives, les proverbes sont autant de réponses à autant de questionnements. Tout peut passer à la moulinette des proverbes !

C'est pourquoi les sources des proverbes sont multiples : d'abord les sources populaires liées à l'esprit ou à la morale d'une époque, et à des pratiques anciennes (aujourd'hui disparues). Ensuite leur emploi littéraire : souvent métaphoriques, les proverbes gardent leur force grâce aux images qui pérennisent leur usage ; on pense bien sûr aux fabulistes (Ésope, Phèdre, La Fontaine en ont fait grande consommation) et aux écrivains (Villon, Molière, Voltaire, Musset, et bien d'autres). Ainsi, le proverbe vit dans cet aller-retour permanent où sources populaires et littéraires s'entremêlent : les premières nourrissent les secondes qui, à leur tour, fixent et assurent la transmission du proverbe, devenu alors patrimoine partagé.

Bien sûr, nous n'ignorons pas qu'ils existent de subtils et réels distinguos entre proverbes, maximes, sentences, adages, dictons, préceptes ; mais nous avons choisi de regrouper ici toutes ces formes sous le terme générique de « proverbe » pour vous offrir en toute simplicité un florilège des plus belles formules de la langue française. On notera d'ailleurs que souvent les maximes et les sentences contiennent en filigrane un proverbe ancien dont elles sont l'expression littéraire.

Remplis de « bon sens » et de « bons conseils », les proverbes sont des sortes d'échos des expériences humaines, tout prêts à venir agrémenter notre conversation, à notre disposition pour argumenter une discussion. Mais, avec eux, il faut rester prudent, car ils témoignent aussi de la versatilité humaine et peuvent donc exprimer le tout et son contraire.

Présentation du bouquet…

Proposer un recueil de proverbes n'est pas chose aisée tant l'abondance proverbiale est d'une richesse inouïe ; c'est pourquoi notre florilège est composé exclusivement à partir de nos plus beaux proverbes (avec quelques incursions du côté des origines gréco-latines) sans aller « cueillir » dans les jardins des autres pays.

Chaque proverbe fait l'objet d'un bref rappel sur son origine quand celle-ci est avérée, car bien souvent le proverbe est d'origine inconnue ou incertaine, c'est un vrai coucou ! Ainsi, un certain nombre de proverbes apparaissent dans des ouvrages divers (textes bibliques, manuscrits, recueils, dictionnaires, etc.) ; à chaque fois que cela était possible, nous avons signalé ces occurrences. En revanche, lorsque l'origine demeurait inconnue ou incertaine, nous nous sommes abstenus ; c'est la part de mystère du proverbe. Nous avons apporté aussi un éclairage sur sa portée morale, pas toujours évidente, car l'interprétation dépend souvent de l'utilisateur ! C'est aussi ce qui est commode avec les proverbes ! C'est une sorte de 4X4 du discours : il est « tout terrain » !

Découvrir et utiliser les proverbes est aussi une source de plaisir et de rires. C'est pourquoi, nous vous proposons un mode d'emploi joyeux et humoristique (enfin, nous l'espérons !) : pour chaque proverbe, nous avons imaginé des situations de la vie courante dans lesquelles il vous permettra de mettre une sorte de « grain de sel » dans votre discours pour assaisonner le propos. Cela peut être bien commode pour se sortir d'une position délicate.

Enfin, pour varier les plaisirs, nous vous proposons quelques proverbes aux significations sensiblement voisines.

En lisant cet ouvrage, gardez présent à l'esprit, ce bel avis aux lecteurs de Rabelais, grand amateur de proverbes :

« Amis lecteurs, qui ce livre lisez,
Despouillez vous de toute affection ;
Et, le lisant, ne vous scandalisez :
Il ne contient mal ne infection.
Vray est qu'icy peu de perfection
Vous apprendrez, si non en cas de rire ;
Aultre argument ne peut mon cueur elire,
Voyant le dueil qui vous mine et consomme :
Mieulx est de ris que de larmes escripre,
Pour ce que rire est le propre de l'homme »
Rabelais, *Gargantua*, 1534.

ABSENCE

Absent le chat, les souris dansent.

Ce proverbe, tiré de l'ouvrage *Mimes, Enseignements et Proverbes* (1576) de Jean-Antoine de Baïf, rappelle le temps où la principale fonction du chat dans une maison était de chasser les souris (la nourriture sophistiquée en boîte pour animaux n'existait pas !). Avec la métaphore, nous revenons chez les humains et une constante de leur nature : quand le chat/chef n'est pas là, les souris/subalternes, prennent des libertés avec le travail à effectuer. Surtout à la mi-août !

MODE D'EMPLOI

✦ À dire aux collaborateurs avant son départ en congés ou en voyage d'affaires.
✦ À chanter avec ses collègues quand le chef est parti en congés ou en voyage d'affaires.

AUTREMENT DIT

Un peu d'absence fait grand bien. ~ Qui quitte la partie la perd.

Au mort et à l'absent, injure ni tourment.

Notre langue comporte plus de mots pour dire du mal que du bien, ce n'est pas une raison pour abuser de ce mauvais penchant. Ainsi, il est vain d'attaquer ceux qui sont partis définitivement, ils ne sont plus là pour se défendre ; comme il est vain et peu courageux de s'en prendre à ceux qui se sont momentanément absentés, ils ne peuvent pas non plus répondre aux attaques. C'est ce que nous dit ce proverbe cité par Antoine Le Roux de Lincy, dans son *Livre des Proverbes français* (1842).

MODE D'EMPLOI

Y penser quand la tendance à dire du mal reprend le dessus sur l'envie de dire du bien (c'est vrai, c'est dur de résister !) ou, plus radical, ne rien dire du tout. Préférer une bonne pâtisserie bien sucrée pour contrecarrer le trop-plein d'acidité qui arrive.

AUTREMENT DIT

Les absents sont assassinés à coup de langue (Scarron, *Roman comique*, 1651). ~ L'éloge des absents se fait sans flatterie.

L'absence est le plus grand des maux.

Placée au début de la fable de La Fontaine *Les Deux Pigeons* (1678), cette formule nous prévient du danger d'aller voir ailleurs ; le goût du voyage a son prix : l'éloignement fait souffrir et/ou amoindrit les sentiments. Alors répondons « présent » !

MODE D'EMPLOI

Juste avant de partir en congés, pour rappeler à vos collègues que vous connaissez bien la nature humaine, lorsqu'ils vous diront que vous pouvez partir tranquillement, qu'ils s'occuperont de tout, y compris (éventuellement !) de vous faire un petit « costume pour l'hiver »…

AUTREMENT DIT

Absent le chat, les souris dansent (Jean-Antoine de Baïf, *Mimes, Enseignements et Proverbes*, 1576). ~ Quand le chat n'est pas là les souris dansent (version moderne). ~ Loin des yeux, loin du cœur. ~ Qui va à la chasse perd sa place.

Les absents ont toujours tort.

Doit-on s'y résoudre ? Le fait est qu'il y a une sorte de propension « naturelle » à dire du mal de celui (ou celle) qui n'est pas là et qui ne peut donc assurer sa défense et ses intérêts ; ce constat, devenu hélas proverbial, est repris avec cynisme par la servante Nérine dans la pièce de Philippe Destouches, *L'Obstacle imprévu* (1717). Elle explique qu'elle n'a pas eu la patience de sa maîtresse Julie, qui attend toujours le retour improbable de son amoureux Léandre :
« Miracle ! C'est une fille constante. Pour moi, je n'ai pas fait de même. J'étais un peu pressée ; et, comme les absents ont toujours tort, Pasquin s'est mis sur les rangs, et je l'ai bravement épousé. »

MODE D'EMPLOI

Pour lancer une réunion prévue à 9 h 00 ; le retardataire chronique se fait encore attendre. Il est 9 h 15 et tout le monde a fait l'effort d'être à l'heure. Quand il arrivera vers 9 h 45 avec une nouvelle excuse (embouteillage, panne, accident, parent malade, prise de sang urgente, avion qui a atterri près de ses chaussures, etc.), la décision aura été prise sans lui.

AUTREMENT DIT

Les os sont pour les absents. ~ On compte les défauts de qui se fait attendre.

Achèvement

Le vin est tiré, il faut le boire.

On peut être poète et avoir les pieds sur terre comme le rappelle ce proverbe recueilli par Jean-Antoine de Baïf, dans les *Mimes, Enseignements et Proverbes* (1576) ; tendez votre verre :
« Le vin tu as fait, si l'avale.
Lors ce fut jeu : ce n'est plus jeu. »
Ici, il ne s'agit pas d'une invitation à l'ivrognerie, mais du rappel que lorsqu'une action est engagée, il faut la mener à son terme. C'est sans doute dans cet esprit qu'au siège de Douai, lors de la guerre de Dévolution contre les Espagnols, M. de Charost souffla cette phrase au jeune roi Louis XIV.

MODE D'EMPLOI

✦ À rappeler à ceux qui ont tendance, dans l'euphorie d'un moment, à prendre un engagement et à l'oublier par la suite et s'exclament : « Ah oui ! Tiens, j'avais complètement oublié ! Mais là, ça va être difficile pour moi… »
✦ Autre cas : c'est le grand jour. Vous êtes sur la rambarde du pont ; vous aviez parié de faire ce saut à l'élastique dans l'exaltation d'une soirée entre amis. C'est l'heure ! Bon saut !

AUTREMENT DIT

Celui qui commence et ne parfait sa peine perd. ~ En toute chose, il faut considérer la fin (La Fontaine, *Le Renard et le Bouc*, 1668) ~ À la queue gît la difficulté (manuscrit du XIIIe siècle).

Mieux vaut bonne fuite que mauvaise attente.

Ce proverbe médiéval nous rappelle que, parfois, il faut savoir abandonner la partie et ne pas s'entêter. Plus près de nous, le savant Henri Laborit (*L'Éloge de la fuite*, 1976) a montré aussi que, lors d'une situation conflictuelle, il valait mieux fuir que d'agresser l'autre ou soi-même par le stress générateur de maladies (avec sa forme ultime le suicide !). Donc, courage fuyons !

MODE D'EMPLOI

Pour convaincre une personne avec qui vous attendez un ascenseur depuis plusieurs minutes et qui refuse de prendre les escaliers en vous disant : « Mais si, il va arriver ! »

AUTREMENT DIT

Se tenir au gros de l'arbre. ~ L'entêtement et le dégoût se suivent de près (La Bruyère, *Les Caractères*, 1688).

Quand la poire est mûre, il faut qu'elle tombe.

Autrement dit, il y a toujours un moment où il faut conclure ; c'est le sens, de cette métaphore arboricole tirée des *Proverbes dramatiques* (1781) de Carmontelle qui, en plus d'être peintre et auteur dramatique, était paysagiste, ce qui explique sans doute son choix pour la poire.

MODE D'EMPLOI

Pour trancher dans une discussion qui s'éternise sur le choix d'une couleur pour les murs d'une pièce.
Pour encourager un audacieux qui hésite à faire le grand saut de 15 m dans une descente en canyoning.

AUTREMENT DIT

Au bout de l'aune, il faut un drap (manuscrit du XIVe siècle). ~ Qui ne peut passer par la porte sort par la fenêtre.

Tous les chemins mènent à Rome

Deux temps fournissent deux explications pour ne pas se perdre : tout d'abord à l'époque où L'Empire romain mit en place un vaste réseau de voies convergeant vers Rome ; puis au Moyen Âge où le théologien Alain de Lille (*Liber parabolum*, 1175) donna sa dimension religieuse en formulant l'idée qu'il y a plusieurs façons de rencontrer la foi : « Mille routes conduisent depuis des siècles à Rome les hommes qui désirent rechercher le Seigneur de tout leur cœur. » Ainsi, la réunion de ces deux explications produit un proverbe indiquant qu'il y a plusieurs moyens d'atteindre le même but. La Fontaine s'en est saisi dans l'ouverture de sa fable *Le Juge arbitre, l'Hospitalier et le Solitaire* (1693) :

« Trois Saints, également jaloux de leur salut,
Portés d'un même esprit, tendaient à même but.
Ils s'y prirent tous trois par des routes diverses :
Tous chemins vont à Rome : ainsi nos Concurrents
Crurent pouvoir choisir des sentiers différents. »

MODE D'EMPLOI

Pour rassurer votre groupe alors que vous êtes perdus en plein désert. Ne pas trop insister tout de même et chercher surtout un point d'eau, une oasis. Rome peut attendre…
Pour faire comprendre une stratégie un peu complexe.

AUTREMENT DIT

Le bois tortu fait le feu droit (manuscrit du XIVe siècle). ~ Bon endureur est toujours vainqueur (*Proverbes au vilain*, manuscrit du XIIIe siècle).

Action

Aide-toi, Dieu t'aidera.

Ce proverbe du xve siècle est repris par La Fontaine dans sa fable, *Le Chartier embourbé* (1668), sous la forme « Aide-toi, le Ciel t'aidera. » C'est Hercule en personne qui vient donner ses précieux conseils au chartier désemparé et lui montrer qu'avec un peu de raisonnement et d'effort on peut surmonter une situation difficile.

MODE D'EMPLOI

Pour répondre à une personne qui se plaint que le travail fait par les autres n'est pas efficace et qu'elle doit tout faire seule.

AUTREMENT DIT

On n'est jamais si bien servi que par soi-même (Ch.-G. Étienne, *Brueys et Palaprat*, 1807). ~ Ne t'attends qu'à toi seul : c'est un commun proverbe (La Fontaine, *Fables*, 1668).

Il ne faut pas courir deux lièvres à la fois.

Cet adage vient probablement de l'univers de la chasse où il paraît cohérent de chasser un lièvre puis l'autre ; poursuivre les deux à la fois permettrait de reconnaître immédiatement un mauvais chasseur (qui, comme nous le savons depuis le sketch des Inconnus, est différent d'un bon chasseur !). Ainsi, il n'est pas judicieux de mener de front plusieurs projets, le risque étant alors qu'aucun n'aboutisse.

MODE D'EMPLOI

✦ À insérer dans le discours du président de l'Amicale des chasseurs du Moulin blanc.

✦ Pour calmer le stress du commercial obsédé par ses objectifs.

AUTREMENT DIT

Ne pas être au four et au moulin. ~ On ne perd pas son temps quand on aiguise ses outils. ~ Plus se presse et plus tard arrive (Pierre-Claude Nivelle de La Chaussée, *Épître à Clio*, 1731).

Il ne faut pas vendre la peau de l'ours avant de l'avoir tué.

Aujourd'hui l'animal est protégé, allons donc directement vers la signification de cet adage avertissant qu'il faut toujours être prudent en ne considérant pas comme acquis ce dont on n'est pas sûr de disposer. La fable de La Fontaine *L'Ours et les deux Compagnons* (1668) met en scène ce conseil où deux marchands pressés vendent un ours encore vivant à un fourreur et échappent de peu à la fureur de l'animal :

« Mais que t'a-t-il dit à l'oreille ?
Car il s'approchait de bien près,
Te retournant avec sa serre.
– Il m'a dit qu'il ne faut jamais.
Vendre la peau de l'Ours qu'on ne l'ait mis par terre. »

MODE D'EMPLOI

✦ À glisser à l'oreille de tous les impatients.

✦ À susurrer également aux doux rêveurs, constructeurs de « châteaux en Espagne ».

AUTREMENT DIT

Étrangler une affaire. ~ Jeter la plume au vent.

On a besoin pour vivre de peu de vie, il en faut beaucoup pour agir.

Ce constat sur l'énergie nécessaire pour être responsable de sa vie est tiré des *Pensées, Mémoires et Essais* de Joseph Joubert (1754-1824) ; il ne fut connu qu'après la mort de son auteur qui ne publia rien de son vivant. C'est ballot !

MODE D'EMPLOI

Pour secouer l'apathie d'une personne qui se plaint que tout ne lui tombe pas tout rôti « dans le bec » ; ou pour justement « clouer le bec » d'un individu qui se lamente sur son sort en commençant par « ah, si j'avais pu… ».

AUTREMENT DIT

Il faut prendre le taureau par les cornes. ~ Il faut semer qui veut moissonner.

Plutôt s'user que rouiller.

Le fer est un métal travaillé lorsqu'il est porté à une très haute température ; il faut donc se dépêcher de le façonner avant qu'il ne refroidisse, devienne dur et difficile à travailler. C'est donc l'urgence d'agir, de profiter de l'occasion, de la situation qui est suggérée par ce proverbe tiré de la comédie *Poenulus* (IIe siècle av. J.-C.) de Plaute.

MODE D'EMPLOI

✦ À opposer à un hésitant qui préfère avancer qu'il est urgent d'attendre.
✦ Formule du coach à son boxeur qui combat contre un boxeur surnommé « Iron man ».

AUTREMENT DIT

Il faut saisir la balle au bond. ~ Il ne faut pas y aller par quatre chemins. ~ Il faut sauter sur l'occasion.

Quand on n'avance pas, on recule.

La vie est une longue marche ponctuée par toutes sortes de progrès ; dès lors que l'on marque le pas, que l'on ne suit plus ce mouvement général, c'est d'abord la stagnation, puis la régression, car le monde continue sans nous. Voilà ce dont nous prévient ce proverbe ancien d'origine latine (« *Non progred est regredi* »).

MODE D'EMPLOI

✦ Pour se donner du courage au 40e kilomètre d'un marathon.
✦ Pour entamer une discussion avec son voisin dans un TGV sur la loi de la relativité, car tout en avançant, le fait d'être assis dans le train fait que, dans le continuum « espace-temps », on recule (théorie quantique !). Peut servir à être tranquille le reste du voyage, le voisin préférant finir le parcours au wagon-bar !

AUTREMENT DIT

Il faut aller de l'avant. ~ Ramer il faut s'il ne vente.

Qui veut la fin, veut les moyens.

Une lecture optimiste de ce proverbe y verra l'expression d'une volonté pour atteindre un objectif ; une vision pessimiste constatera la présence d'un cynisme prêt à tout, et à n'importe quel moyen, pour atteindre son but. L'origine de cette formule est incertaine, mais ce qui est sûr c'est que l'œuvre de Machiavel *Le Prince* (1532) traduit parfaitement l'ambiguïté de cette volonté. Un extrait de ce « machiavélisme » pour s'en convaincre :
« Un habile législateur, qui entend servir l'intérêt commun et celui de la patrie plutôt que le sien propre et celui de ses héritiers, doit employer toute son industrie pour attirer à soi tout le pouvoir. Un esprit sage ne condamnera jamais quelqu'un pour avoir usé d'un moyen hors des règles ordinaires pour régler une monarchie ou fonder une république. Ce qui est à désirer, c'est que si le fait l'accuse, le résultat l'excuse ; si le résultat est bon, il est acquitté [...]. »

MODE D'EMPLOI

Utilisé sans vergogne dans sa version pessimiste depuis très longtemps par toutes sortes d'individus et d'entités (l'ouvrage ne suffirait pas à dresser la liste des principaux exemples).

AUTREMENT DIT

On ne va pas aux mûres sans crochet (Bonaventure des Périers, *Nouvelles Récréations et Joyeux Devis*, 1558). ~ La fin justifie les moyens.

Qui vient au moulin, c'est pour y moudre.

Évidemment, il faudrait actualiser la forme de ce proverbe médiéval qui sent bon la farine, mais rappelle surtout que, dans la vie, il faut être cohérent et mener à son terme ce qui a été prévu et ne pas oublier son objectif en cours de route.

MODE D'EMPLOI

À dire au collègue dilettante (cela peut exister !) qui se prélasse et laisse les autres faire son travail : on peut lui glisser une version argotique du proverbe : « Qui vient au turbin, c'est pour turbiner ! »

AUTREMENT DIT

Celui qui travaille, travaille pour lui. ~ Au fond du taillis sont les mûres (manuscrit du XIIIe siècle).

Saisir la balle au bond.

Cette expression devenue proverbiale est née au XVIIe siècle ; elle tire probablement son origine du jeu de paume, ancêtre du tennis, et de la règle principale du jeu, à savoir être suffisamment rapide pour renvoyer la balle avant le rebond. En dehors du court, la signification conserve l'idée d'être capable de profiter d'une occasion favorable. La sixième édition du *Dictionnaire de l'Académie française* (1835) propose une version capillaire : « prendre l'occasion aux cheveux. »

MODE D'EMPLOI

✦ Premier degré : propos de l'entraîneur au joueur débutant le tennis.
✦ Deuxième degré : propos de l'entraîneur au joueur classé qui est dans un mauvais jour.
✦ Troisième degré : propos de l'entraîneur, lassé de son joueur classé n'en finissant pas d'être toujours dans des mauvais jours, et qui décide d'accepter la proposition d'entraîner un autre joueur classé qui connaît, lui, des bons jours.

AUTREMENT DIT

Sauter sur l'occasion. ~ L'occasion fait le larron. ~ Quand le vin est tiré, il faut le boire.

ADVERSITÉ

À mauvais jeu, bonne mine.

Il y a des jours où rien ne réussit et où il faut faire avec. Le dicton prend encore plus de pertinence s'il s'agit vraiment d'un jeu où il y faut masquer ses faiblesses afin de ne pas renseigner l'adversaire. L'expression est citée dans la première édition du *Dictionnaire de l'Académie française* (1694) où l'on dit « qu'homme fait bonne mine à mauvais jeu, bonne mine à mauvais jeu, pour dire, qu'il sait bien dissimuler et faire bonne mine, quoi qu'il n'en ait pas sujet. »

MODE D'EMPLOI

✦ Dicton de base pour un joueur de poker.
✦ Défi pour un joueur de tennis classé 3e mondial, qui vient d'être éliminé du tournoi de Roland Garros 6-0, 6-0, 6-0, et qui répond en direct à la télévision aux questions du journaliste. Une sorte de match après le match !

AUTREMENT DIT

Qui perd pêche. ~ Qui ne peut moudre à un moulin aille à l'autre. ~ Il faut savoir faire contre mauvaise fortune bon cœur.

C'est la croix et la bannière.

La croix et la bannière sont deux symboles chrétiens (la croix évoquant le Christ et la bannière la Vierge). Ils sont utilisés au cours des processions solennelles dont le rituel est réglé par un protocole complexe, peu évident à saisir pour le profane. Dans son *Dictionnaire universel* (1690), Antoine Furetière cite l'expression pour indiquer une affaire particulièrement compliquée à réaliser.

MODE D'EMPLOI

✦ Pour se détendre et évacuer un peu de stress devant l'errance téléphonique subie en appelant une « hot line » d'assistance où l'on vous demande de patienter, puis de taper le 1, si vous… ; le 2, si vous… ; le 3, si vous… ; le 4, si vous…, avant d'entendre une voix artificielle tout reprendre au début en vous annonçant : « pour retourner au menu principal, tapez le… ».

✦ À constater avec un brin de fatalisme, en songeant que vous allez passer deux heures dans cet embouteillage : c'est certain, on l'a annoncé à la radio, et votre GPS le confirme tout en vous indiquant qu'il n'y a pas de solutions à court terme. Respirez très fort et prenez patience en imaginant une chanson qui commencerait ainsi :
« C'est la croix et la bannière
Pas de quoi être vraiment fier
Bloqué contre cette glissière… »

AUTREMENT DIT

Faire enrager la bête et le marchand. ~ L'arbre ne tombe pas du premier coup.

La vengeance est un plat qui se mange froid.

Ah ! Cette nature humaine capable de déployer avec le même génie sa faculté à faire le bien et le mal. Ici, derrière la métaphore culinaire, c'est le côté sombre qui agit, suggérant qu'il faut savoir attendre avant de se venger et jouir de son action. Belle mentalité ! Ce proverbe, dont l'origine est mal définie (personne ne veut sans doute en assumer la paternité !), a son équivalence dans un texte allemand de Wilhelm Wander, *Deutsche Sprichwörter Lexicon* (1880) : « La vengeance est un plat qui gagne à être mangé froid. »

MODE D'EMPLOI

✦ Pour une petite vengeance : ce collègue n'a pas l'esprit d'équipe (il se « la joue perso », comme on dit familièrement) ; un soir d'hiver en rentrant du bureau, vous l'apercevez sur le bord de la route, il est en panne de voiture et il vous fait signe. Vous le dépassez sans vous arrêter. Il vous regarde passer, ahuri de votre indifférence (à savourer sans modération). Au carrefour suivant, vous faites demi-tour et vous revenez l'aider. « Ah, j'ai cru que vous ne m'aviez pas vu », dit-il tout penaud (savourez encore !). « Oh, si bien sûr, je vous ai bien aperçu, cher collègue. » Le message sera alors passé.

✦ Pour une « grosse » vengeance : non seulement ce collègue n'a pas l'esprit d'équipe, mais il s'ingénie à vous mettre des « bâtons dans les roues. » Même situation de panne que précédemment, mais cette fois-ci vous ne vous arrêtez pas. Le lendemain, ce collègue, la mine défaite, vient vous voir : « Mais vous ne m'avez pas vu, hier soir sur le bord de la route ? » Vous lui répondez alors avec la plus grande suavité possible : « Oh, si bien sûr, mais je n'avais pas de micro-ondes pour la réchauffer… ». Lui, ne comprenant pas : « Réchauffer quoi ? »

AUTREMENT DIT

À tard est vengé, qui Dieu venge (manuscrit du XIIIe siècle). ~ Il se brûle pour m'échauder.

L'homme est un apprenti, la douleur est son maître.

Les esprits romantiques (et peut-être aussi les masochistes) apprécieront ce conseil de la Muse au Poète dans *La Nuit d'octobre* (1835) d'Alfred de Musset ; celle-ci ajoute même :
« Et nul ne se connaît tant qu'il n'a pas souffert.
C'est une dure loi, mais une loi suprême,
Vieille comme le monde et la fatalité. »

MODE D'EMPLOI

Pour vous aider à respirer un bon coup si vous avez crevé et que vous vous apercevez que votre roue de secours est à plat et que votre téléphone portable n'a plus de batterie.

AUTREMENT DIT

Vent au visage rend l'homme sage. ~ À mauvais jeu, bonne mine. ~ Faire contre mauvaise fortune bon cœur.

AFFECTION

On a peine à haïr ce qu'on a bien aimé.

Voilà ce que déclare Sertorius, personnage éponyme de la pièce de Corneille (1662) ; il ajoute : « Et le feu mal éteint est bientôt rallumé. » Manière de dire que l'amour laisse toujours des traces !

MODE D'EMPLOI

Utile pour un avocat qui souhaite mettre un peu de poésie dans une séance houleuse de « conciliation » au sein d'un couple qui a décidé de se séparer après un adultère dûment constaté.

AUTREMENT DIT

L'affection aveugle la raison. ~ Qui bien aime tard oublie. ~ Qui t'aime te fait pleurer ; qui te hait te fait rire.

On est rarement maître de se faire aimer, on l'est toujours de se faire estimer.

Manière pour le philosophe Fontenelle (*Entretiens*, 1702) de rappeler à quel point nous sommes dépendants de nos sentiments alors que, par nos actions et notre comportement, nous avons le pouvoir d'être apprécié. On imagine que cet écrivain qui vécut centenaire eut tout le temps de vérifier sa maxime.

MODE D'EMPLOI

À dire à quelqu'un qui se plaint d'être toujours seul, de ne pas avoir d'amis.

AUTREMENT DIT

À quoi bon tant d'amis ? Un seul suffit quand il nous aime (Jean-Pierre Claris de Florian, *Fables*, 1792). ~ Le sort fait les parents, le choix fait les amis (Jacques Delille, *Malheur et Pitié*, 1803).

Quand mes amis sont borgnes, je les regarde de profil.

Nul n'est parfait et nous savons la propension de l'homme a mieux voir les défauts des autres que les siens. Voici donc une invitation à l'indulgence que nous devons à Joseph Joubert (1754-1824), dans *Pensées, Maximes et Essais*.

MODE D'EMPLOI

Nous avons tous nos défauts ; voilà une manière de dire que vous faites passer votre amitié au-dessus des petites mesquineries circonstancielles.

AUTREMENT DIT

À quoi bon tant d'amis ? Un seul suffit quand il nous aime (Florian, *Fables*, 1792). ~ Mieux vaut ami grondeur que flatteur.

Si tous les hommes savaient ce qu'ils se disent les uns des autres, il n'y aurait pas quatre amis dans le monde.

Cette sentence de Pascal (*Pensées*, 1670) est dur à entendre et à lire, mais cela a le mérite d'être clair sur notre capacité naturelle à dire plus facilement du mal que du bien. C'est ainsi…

MODE D'EMPLOI

Dans une soirée entre amis, pour couper court à une tendance à « tailler des costumes » aux « amis » absents.

AUTREMENT DIT

Mettre quelqu'un en beaux draps blancs. ~ Ce n'est pas tout évangile, ce que l'on dit par la ville (Gabriel Meurier, *Sentences notables, Adages et Proverbes,* 1568).

Tous pour un, un pour tous.

Dans une époque où l'individualisme forcené fait des ravages, voilà une devise de solidarité qui devrait dépasser le cadre du roman d'Alexandre Dumas père, *Les Trois Mousquetaires* (1844) où elle apparaît. Le romancier s'est inspirée d'une formule latine très proche : « *Unus pro omnibus, omnes pro uno* » qui signifie « Un pour tous, tous pour un ». Voici le moment du pacte qui unit les « quatre » mousquetaires :

« Et maintenant, messieurs, dit d'Artagnan sans se donner la peine d'expliquer sa conduite à Porthos, tous pour un, un pour tous, c'est notre devise, n'est-ce pas ?

– Cependant, dit Porthos.

– Étends la main et jure ! s'écrièrent à la fois Athos et Aramis.

Vaincu par l'exemple, maugréant tout bas, Porthos étendit la main, et les quatre amis répétèrent d'une seule voix la formule dictée par d'Artagnan : Tous pour un, un pour tous. »

MODE D'EMPLOI

Pour rappeler à l'avant-centre de l'équipe qu'il n'est pas tout seul sur le terrain. Prévoir un bon moment pour le convaincre ; s'il ne saisit pas, demandez-lui de lire l'œuvre d'Alexandre Dumas ou faites-le jouer à l'arrière lors du prochain match.

AUTREMENT DIT

L'union fait la force. ~ Toute puissance est faible, à moins que d'être unie (La Fontaine, *Le Vieillard et ses Enfants,* 1668).

Aléas

À la guerre comme à la guerre.

Chaque jour, les informations nous apprennent que la guerre continue son œuvre destructrice quelque part dans le monde ; qualifiée de « boucherie héroïque » par Voltaire, elle crée horreurs, misères et désolation. Cela laisse des traces, y compris en temps de paix, comme l'exprime ce proverbe, attesté dès le XVIIe siècle, suggérant que, dans des circonstances extrêmes ou inattendues, il faut savoir s'adapter et faire avec les moyens du bord.

MODE D'EMPLOI

✦ En ouvrant la boîte de conserve de raviolis pour accueillir des amis qui sont arrivés à l'improviste, mais surtout les mains vides. Manière de leur dire que vous n'êtes pas une auberge espagnole.
✦ Ce que se disent les femmes en cherchant un petit coin pour soulager leur vessie au bord d'une nationale très passante…

AUTREMENT DIT

Selon le vent, la voile (Mathurin Régnier, *Satires*, 1573-1613).

Cœur qui soupire n'a pas ce qu'il désire.

On n'obtient pas toujours ce que l'on souhaite et cela est évidemment source de déception, voire de frustration ; le soupir fait alors partie des nombreux moyens naturels mis à notre disposition pour exprimer notre insatisfaction ; c'est ce que constate un des personnages de *La Comédie de proverbes* (1616) d'Adrien de Monluc.

MODE D'EMPLOI

✦ La personne désirée est là, mais on ne sait trop comment s'y prendre pour lui déclarer sa flamme. Elle s'aperçoit de l'embarras et interroge là-dessus : c'est le moment d'utiliser le proverbe comme une espèce de rampe de lancement de son discours amoureux. Bon décollage. Aucune garantie sur l'atterrissage.
✦ Pour exprimer sa déception après une fin de non-recevoir tout en montrant que l'on conserve, malgré tout, le sens de la poésie…

AUTREMENT DIT

Les désirs ne peuvent s'étendre à ce que l'on ne connaît pas (Ovide, *L'Art d'aimer*, IIe siècle av. J.-C.). ~ Le profit de l'un est le dommage de l'autre (Montaigne, *Essais*, 1580).

Faute de grives, on mange des merles.

La grive est un oiseau apprécié pour sa chair, ce qui n'est pas le cas du merle. Ainsi, dans la vie, on n'a pas toujours ce que l'on souhaite, alors on doit se contenter ce que l'on a.

MODE D'EMPLOI

En pensant à la prime escomptée avec laquelle vous comptiez partir en voyage aux Antilles mais qui n'a pas été attribuée cette année. Vous partirez donc deux semaines dans la Creuse (c'est beau la Creuse, mais il n'y a pas l'océan et les cocotiers !).

AUTREMENT DIT

À faute de chapon, Pain et oignon. ~ On mange bien des perdrix sans orange (Antoine Oudin, *Curiosités françoises*, 1640).

Il faut avoir deux cordes à son arc.

C'est ce que prévoyaient les archers autrefois au cas où la corde de leur arc vint à casser, ils en avaient une de rechange (comme si aujourd'hui, un automobiliste disait qu'il faut avoir cinq roues à sa voiture !). On trouve ce proverbe de prévoyance qui invite à toujours avoir un « plan B » dans les *Proverbes et Dits sentencieux* (1557) de Charles de Bovelle.

MODE D'EMPLOI

✦ Pour faire comprendre que la carte routière dans la boîte à gants peut être utile si le GPS tombe en panne.
✦ Pour se moquer gentiment des adeptes de la ceinture et des bretelles pour qui la vie est une angoisse permanente. Au temps des Gaulois, ils auraient sans doute eu peur que le ciel leur tombe sur la tête.

AUTREMENT DIT

Deux sûretés valent mieux qu'une. ~ Et le trop en cela ne fut jamais perdu (La Fontaine, *Le Loup, la Chèvre et le Chevreau*, 1668).

Mieux vaut un « tiens » que deux « tu l'auras ».

Ce proverbe du Moyen Âge a été repris et popularisé par La Fontaine dans sa fable, *Le Petit Poisson et le Pêcheur* (1668) : le carpillon tente de convaincre le pêcheur de le relâcher et d'attendre qu'il soit devenu une belle carpe. La réponse du pêcheur est sans appel :

« Poisson, mon bel ami, qui faites le Prêcheur,
Vous irez dans la poêle ; et vous avez beau dire,
Dès ce soir on vous fera frire.
Un tien vaut, ce dit-on, mieux que deux tu l'auras :
L'un est sûr, l'autre ne l'est pas. »

On l'aura compris, il ne faut pas lâcher la proie pour l'ombre !

MODE D'EMPLOI

C'est votre jour de chance, vous venez de gagner une belle somme au casino ; vous hésitez à continuer. Répétez plusieurs fois ce proverbe pour vous inciter à trouver le chemin de la sortie.

AUTREMENT DIT

Ce qui est fait n'est plus à faire. ~ Qui bien chasse bien trouve (*Le Dit du buffet*, fabliau du XIIe siècle).

On sait qui l'on quitte, on ne sait pas qui l'on prend.

La vie est pleine d'imprévus ; lorsqu'un changement survient, c'est une page écrite qui se tourne ; la page suivante est vierge et bien malin qui peut dire si elle sera meilleure que la précédente.

MODE D'EMPLOI

✦ À ne surtout pas prononcer devant un hésitant pathologique.

✦ Pour aller de l'avant et oser prendre des risques.

✦ À dire en remettant sa lettre de démission à un responsable avec qui on avait des divergences de fond et qui sabotait toutes les initiatives ; il se demandera si c'est du « lard » ou du « cochon ». Vous, vous saurez…

AUTREMENT DIT

Qui ne risque rien n'a rien. ~ La seule certitude, c'est que rien n'est certain (Pline l'Ancien, *Histoire naturelle*, Ier apr. J.-C.).

AMOUR

Amour, amour, quand tu nous tiens.

Que ne ferait-on pas par amour ? Il peut conduire au pire, c'est ce dont prévient ce proverbe tiré de la fable de La Fontaine *Le Lion amoureux* (1668). Par amour pour une bergère, un lion accepte de perdre ses dents et ses griffes et enfin la vie !
« Le lion consent à cela, Tant son âme était aveuglée ! Sans dents ni griffes le voilà,
Comme place démantelée. On lâcha sur lui quelques chiens :
Il fit fort peu de résistance. Amour, amour, quand tu nous tiens,
On peut bien dire : "Adieu prudence !" »

MODE D'EMPLOI

✦ À fredonner en se rendant à son premier rendez-vous amoureux.
✦ À marmonner en quittant son ancien amour.

AUTREMENT DIT

Affection aveugle raison. ~ L'amour rend aveugle. ~ Rage d'amour est pire que le mal de dents. ~ L'amour fait perdre le repas et le repos.

Donner du thym, c'est faire l'amour sans fin.

Ail, asperge, avocat, céleri, gingembre, menthe, etc. Arrêtons là, le panier est bien garni ! Toutes ces plantes censées posséder des vertus aphrodisiaques se retrouvent dans des dictons comme autant de bons conseils à suivre. N'oublions pas bien sûr quelques branches de thym pour doper nos performances.

MODE D'EMPLOI

✦ Y penser en préparant l'infusion du soir… Préventif contre les migraines…
✦ Se dire que le thym est plus facile à se procurer que la corne de rhinocéros, réputée chez les Chinois pour avoir des propriétés aphrodisiaques (absolument contestées par… les rhinocéros).

AUTREMENT DIT

Un brin de menthe et l'amour augmente. ~ Si les femmes savaient ce que le céleri vaut à l'homme, elles iraient le chercher jusqu'à Rome (attribué à Mme de Pompadour).

L'amour est un tyran qui n'épargne personne.

Voilà comment, au vers 81 du *Cid* de Corneille, l'Infante confie à sa servante son projet d'unir Chimène à Don Rodrigue alors qu'elle éprouve pour celui-ci un vif sentiment ; mais son destin, c'est d'épouser un monarque, alors elle se sacrifie. C'est triste, beau et noble !

MODE D'EMPLOI

✦ Pour déclarer sa flamme à une personne que vous croisez pour la première fois (situation de coup de foudre).
✦ Georges Bizet nous a aussi prévenus : « L'amour est enfant de Bohême, il n'a jamais connu de loi » ; seulement aujourd'hui, on n'est pas à l'opéra, le conjoint vient de « découvrir » un sms compromettant. Juré, promis, craché, c'était un coup de tête, sans lendemain. C'est le moment de passer aux généralités pour éloigner l'orage ; servir le vers de Corneille. Aucune garantie !

AUTREMENT DIT

On ne badine pas avec l'amour (pièce d'Alfred de Musset, 1834). ~ La raison n'est pas ce qui règle l'amour (Molière, *Le Misanthrope*, 1666).

Le lierre meurt où il s'attache.

Quiconque a déjà arraché du lierre sur le sol, un arbre ou un mur sait à quel point cette plante vivace s'accroche solidement à son support. C'est cette caractéristique qui en fait le symbole de la fidélité en amour. Le proverbe est cité dans un manuscrit du XIVe siècle, *Proverbes en françois*. Les jardiniers signaleront que le lierre a tendance à étouffer et à être invasif ; quant aux amoureux, les voilà prévenus.

MODE D'EMPLOI

✦ À l'usage des maires qui procèdent à un mariage. Cela peut leur permettre de faire patienter et de rassurer la future mariée qui s'inquiète du retard du futur marié…
✦ À l'usage des futurs mariés avant de dire « oui », pour le pire et le meilleur.

AUTREMENT DIT

L'amour est fort comme la mort (proverbe biblique). ~ L'amour n'est pas un feu que l'on tient dans la main (Marguerite de Navarre, *Heptaméron*, 1559).

Loin des yeux, loin du cœur.

L'éloignement et l'absence séparent les êtres et peuvent affaiblir l'intensité de leurs sentiments ? À chacun sa réponse. C'est, en tout cas, celle que nous donne cette expression devenue proverbiale formulée dans une *Élégie* (début du Ier siècle apr. J.-C.) de Properce, un poète latin.

MODE D'EMPLOI

✦ Pour essayer de retenir l'autre. Sans garantie.
✦ Peut réconforter quand une relation envahissante et peu appréciée annonce qu'elle va déménager, loin, très loin. Ouf !

AUTREMENT DIT

Le temps n'épargne pas ce qui se fait sans lui. ~ Qui va à la chasse perd sa place. ~ Un clou chasse l'autre.

Plaisir d'amour ne dure qu'un moment. Chagrin d'amour dure toute la vie.

Premières paroles d'une chanson extraite d'une nouvelle *Célestine* (1784) de Jean-Pierre Claris de Florian ; cette romance qui conte les déboires amoureux d'un jeune homme fut aussitôt mise en musique par Jean-Paul Martini, musicien du roi. La romance est venue jusqu'à nous sans une ride : sa permanence nous rappelant combien les peines de cœur sont inconsolables…

MODE D'EMPLOI

✦ Pour se rappeler avec nostalgie d'un amour de jeunesse.
✦ Pour montrer vos talents de chanteur sentimental.
✦ Pour se moquer gentiment d'un ami qui s'est entiché d'une « bimbo » rencontrée un soir d'excès au Memphis bar.

AUTREMENT DIT

Pour un plaisir, mille douleurs (François Villon, *Ballade de la belle heaumière*, 1463). ~ Rage d'amour est pire que le mal de dents.

Rage d'amour est pire que le mal de dents.

Les progrès en matière de soins dentaires sont indéniables et aller chez le dentiste n'effraie presque plus personne (il y a des irréductibles et encore quelques arracheurs de dents !). En revanche, on n'a pas encore trouvé de remède pour calmer les affres de l'amour et notamment le chagrin d'une rupture ou d'un sentiment non payé de retour. Ce proverbe tiré d'un manuscrit du xve siècle reste donc encore d'actualité.

MODE D'EMPLOI

✦ Peut aider à tenir quand une carie provoque des élancements douloureux et que le rendez-vous « arraché » de haute lutte chez le dentiste est prévu dans une semaine.
✦ Permet de hiérarchiser les douleurs si la personne connaît une rupture amoureuse et se trouve également dans le cas précédent !

AUTREMENT DIT

Rage de cul passe mal de dents. ~ De fol amour ne vient que mal. ~ De forte couture, forte déchirure.

Souvent femme varie, bien fol est qui s'y fie.

Dans son œuvre posthume *Vies des dames galantes* (1540-1614), Brantôme rapporte que François Ier aurait gravé cette formule avec le chaton de sa bague sur une vitre du château de Chambord. Le roi tagueur, grand amateur de femmes, avait sans doute essuyé un revers amoureux !

MODE D'EMPLOI

✦ Pour parler de l'œuvre de Brantôme, *Vies des dames galantes* que plus personne ne lit aujourd'hui.
✦ Pour tenter de consoler le chagrin d'amour d'un proche.
✦ Pour laisser un fonds de misogynie s'exprimer.
✦ Pour pouvoir expliquer que c'est inutile de chercher ce carreau en visitant le château de Chambord, car Louis XIV a fait casser le carreau à la demande de sa maîtresse Mme de la Vallière.

AUTREMENT DIT

Plus on aime une maîtresse et plus on est près de la haïr (La Rochefoucauld, *Réflexions ou Sentences et Maximes morales,* 1665). ~ Les hommes en meurent et les femmes en vivent (Bonaventure Des Périers, *Récréations et Joyeux devis*, 1558).

Tout le plaisir de l'amour est dans le changement.

Propos tenus par un libertin qui fait l'éloge de l'inconstance en amour ; en l'occurrence Dom Juan, le personnage de Molière (1665). Voici le début de son argumentation qu'il donne à son valet Sganarelle, à vous de juger :
« Quoi ? tu veux qu'on se lie à demeurer au premier objet qui nous prend, qu'on renonce au monde pour lui, et qu'on n'ait plus d'yeux

pour personne ? La belle chose de vouloir se piquer d'un faux honneur d'être fidèle, de s'ensevelir pour toujours dans une passion, et d'être mort dès sa jeunesse à toutes les autres beautés qui nous peuvent frapper les yeux ! Non, non : la constance n'est bonne que pour des ridicules ; toutes les belles ont droit de nous charmer, et l'avantage d'être rencontrée la première ne doit point dérober aux autres les justes prétentions qu'elles ont toutes sur nos cours. »

MODE D'EMPLOI

✦ Éventuellement pour consoler un proche qui vient de rompre. À manier avec précaution malgré tout et se méfier des effets secondaires.
✦ À dire à l'avocat, le jour de la conciliation de divorce, pour qu'il comprenne bien dans quel sens il doit orienter la procédure.

AUTREMENT DIT

On pardonne tant que l'on aime (La Rochefoucauld, *Réflexions ou Sentences et Maximes morales*, 1665). ~ Quand on l'ignore, ce n'est rien, Quand on le sait, c'est peu de chose (La Fontaine, *Contes et Nouvelles*, « La Coupe enchantée », 1685).

Apparence

Il est plus difficile de dissimuler les sentiments que l'on a que de feindre ceux que l'on n'a pas.

La lutte entre le paraître et l'être est constante et devient plus difficile quand elle concerne des vérités profondes. Cette maxime de La Rochefoucauld (*Maximes posthumes*, 1693) vient nous rappeler à quel point nous sommes plus habiles dès lors que nous sommes moins concernés.

MODE D'EMPLOI

À dire à une personne quand on ne sait pas « sur quel pied danser » avec elle. Puis observer la réaction et se faire son opinion. Aucune garantie.

AUTREMENT DIT

Si c'est la raison qui fait l'homme, c'est le sentiment qui le conduit (Jean-Jacques Rousseau, *Julie ou La Nouvelle-Héloïse*, 1761).

Il ne faut pas juger les gens sur la mine.

Pas toujours facile de se faire une idée sur une personne en se fondant sur sa simple apparence ; parfois la surprise est de taille. C'est la signification de cet adage qui sert de morale à la fable de La Fontaine *Le Cochet, le Chat et le Souriceau* (1668) où le Souriceau inexpérimenté est séduit par le Chat, dont il a tout à craindre, et apeuré par le Cochet (le coq) inoffensif pour lui.

« Mon fils, dit la souris, ce doucet est un Chat,
Qui sous son minois hypocrite,
Contre toute ta parenté
D'un malin vouloir est porté.
L'autre animal tout au contraire,
Bien éloigné de nous malfaire,
Servira quelque jour peut-être à nos repas.
Quant au chat, c'est sur nous qu'il fonde sa cuisine.
Garde-toi, tant que tu vivras,
De juger des gens sur la mine. »

MODE D'EMPLOI

Celui-ci a un visage peu avenant, « une gueule à coincer des roues de corbillard », dirait-on familièrement, et pourtant en le côtoyant, on découvre une personne pleine d'attention et serviable. Celui-ci, que vous ne connaissez ni d'Ève ni d'Adam, vous accueille avec de grands sourires et un chapelet de promesses ; à l'usage, on constate son égoïsme et son manque de sérieux. Avoir donc toujours ce proverbe en mémoire lorsqu'on rencontre quelqu'un pour la première fois. Très utile pour laisser ses préjugés au vestiaire. Prévoir plusieurs porte-manteaux.

AUTREMENT DIT

Tout ce qui brille n'est pas or. ~ Les beaux habits servent fort à la mine.

Il ne faut pas toujours croire ce que l'on voit.

Se méfier des apparences, ne pas se laisser abuser par ses sens, c'est la leçon de ce proverbe de Carmontelle (*Proverbes dramatiques*, 1781), spécialiste en la matière, car il est l'inventeur du procédé des transparents qui consistait à faire défiler des paysages peints devant des spectateurs ; le mouvement donnait à ces derniers l'illusion de se déplacer dans le décor. Disneyland avant l'heure !

MODE D'EMPLOI

✦ Ne pas l'oublier en assistant à un spectacle de magie, ou à un meeting politique : les mauvaises langues diront que c'est pareil !
✦ S'en rappeler en regardant certaines émissions de télévision ou certaines vidéos sur Internet.

AUTREMENT DIT

Maint fol a une barbe (*Proverbes au vilain*, XIIIe siècle). ~ Il ne faut pas, sur la simple apparence // Légèrement condamner l'innocence (Voltaire, *L'Enfant prodigue*, 1738).

Il n'est pire eau que l'eau qui dort.

Certains dangers sont visibles, d'autres non ; certaines situations nous mettent sur nos gardes, d'autres non. Pas facile ! Il ne nous reste pas d'autre choix que de nous méfier des apparences, leur vocation est d'être trompeuses, comme nous le rappelle ce vieux proverbe extrait de *Proverbes rurauz et vulgauz*, un manuscrit du Moyen Âge.

MODE D'EMPLOI

Pour modérer les ardeurs d'un ami qui veut acheter, sur plan et par Internet, un magnifique appartement à un promoteur qu'il n'a jamais rencontré et dont l'adresse sociale est située aux Îles Vierges…

AUTREMENT DIT

L'habit ne fait pas le moine. ~ Ce qu'il faut chercher à connaître, c'est le fond du panier (Antoine-Pierre Dutramblay, *Apologues*, 1822).

APPÉTIT

Il n'en a pas pour sa dent creuse.

De la faim à la gourmandise, de la gourmandise à la gloutonnerie, voilà le chemin qui mène à ce proverbe cité dans le *Dictionnaire de l'Académie* (édition 1835) pour évoquer une personne qui mange beaucoup et à qui on présente peu à manger. Il est probable que les progrès de l'hygiène et des soins dentaires finiront par avoir raison de ce proverbe.

MODE D'EMPLOI

On peut y penser en contemplant la manière dont certains consommateurs enfournent leur hamburger dans un fast-food (ce n'est pas une obligation).

AUTREMENT DIT

Les gourmands font leur fosse avec leurs dents (Henri Estienne, *De la Précellence du langage françois*, 1579). ~ Estomac d'autruche digère le fer.

La faim chasse le loup du bois.

Ce proverbe du Moyen Âge (*Proverbes ruraux et vugaux*, XIVe siècle) renvoie sans doute à une observation bien réelle.

Par la suite, il a pris un tour métaphorique pour indiquer que la nécessité peut nous contraindre à faire des choses contraires à nos habitudes.

MODE D'EMPLOI

Pour montrer dans une négociation que vous pouvez attendre – rien ne presse – le moment où vos conditions seront acceptées. Prévoir néanmoins une petite explication au cas où la métaphore ne passerait pas.

AUTREMENT DIT

Nécessité n'a pas de jour férié. ~ C'est une violente maîtresse d'école que la nécessité (Montaigne, *Essais*, 1580).

Qui dort dîne.

Ce proverbe qui suggère aujourd'hui que le sommeil fait oublier la faim (mais le sommeil fait oublier beaucoup de choses) était à l'origine (au Moyen Âge) un avertissement des aubergistes pour prévenir qu'ils n'acceptaient que des voyageurs venant dormir et manger.

MODE D'EMPLOI

Pour vous encourager, dans un refuge en hiver, au fond du duvet dont vous pensiez sortir pour vous restaurer. En fait, il n'y a plus de service de restauration, juste le couchage (il fallait bien lire la notice du guide !) ; vous avez partagé (oui, vous êtes partageur) avec vos trois amis l'unique barre chocolatée qui vous restait. Bonne nuit.

AUTREMENT DIT

Tout fait ventre. Pourvu que ça entre. ~ La faim étouffe l'orgueil.

Ventre affamé n'a pas d'oreilles.

Difficile de penser à quoi que ce soit lorsque la faim tenaille, elle devient la priorité absolue, le reste n'existe plus. Ce proverbe, qui remonte à l'Antiquité, est à l'œuvre notamment chez Rabelais : « L'estomac affamé n'a point d'oreilles, il n'ouït goutte » (*Quart Livre*, 1552) et dans *Le Milan et le Rossignol* (1678), cette fable de La Fontaine, où un milan affamé conclut la vaine défense d'un rossignol par ces mots :

« Vraiment, nous voici bien : lorsque je suis à jeun,
Tu me viens parler de musique.
J'en parle bien aux Rois. Quand un roi te prendra,
Tu peux lui conter ces merveilles.
Pour un Milan, il s'en rira :
Ventre affamé n'a point d'oreilles. »

MODE D'EMPLOI

✦ Pour chasser le sentiment de culpabilité en entamant sa double portion de frites (pour commencer !).

✦ Pour rester « zen » en contemplant le brouhaha autour de la table familiale.

✦ Pour rester « zen » aussi au restaurant d'entreprise où, par malchance, vous vous êtes assis face à un collègue qui mange « comme un porc »…

AUTREMENT DIT

La faim chasse le loup du bois (*Proverbes rurauz et vugauz*, XIVe siècle).
~ Un âne affamé ne se soucie pas des loups.

Argent

L'argent, bon serviteur et mauvais maître.

Traders en folie et/ou en prison ; luxe extrême d'un côté, misère extrême de l'autre. Omniprésent dans notre vie, l'argent agit comme une sorte de révélateur de la nature humaine. Il devrait rester un moyen et ne pas être une finalité, c'est ce dont nous prévient ce proverbe. La formule, probablement du poète latin Horace (« *diuitae bona ancilla, pessima domina* »), a été souvent reprise, par exemple par Alexandre Dumas fils dans la préface de *La Dame aux camélias* (1852) :
« N'estime l'argent ni plus ni moins qu'il ne vaut : c'est un bon serviteur et un mauvais maître. »

MODE D'EMPLOI

✦ À glisser dans une négociation avec son banquier pour le détendre au moment où il émet des réticences à l'égard de votre projet et de votre demande de prêt. Formule préférable à « on ne prête qu'aux riches » ou à « alors, vous, les banquiers, vous nous prêtez un parapluie quand il fait beau ! ».
✦ Pour faire comprendre en douceur à un ami obnubilé par le slogan « Travailler plus pour gagner plus », et qui ne s'accorde plus aucun répit, que c'est bien aussi de profiter de la vie.

AUTREMENT DIT

Argent fait perdre et pendre gens. ~ Grande fortune, grande servitude.

L'argent n'a pas d'odeur.

Bouchons nos narines ! « *Pecunia non olet* » (l'argent n'a pas d'odeur), c'est ce qu'aurait déclaré l'empereur romain Vespasien (Ier siècle apr. J.-C.) pour répondre à ceux qui lui reprochaient d'avoir établi une taxe sur l'urine des toilettes publiques, récupérée et utilisée pour son ammoniac dans le traitement du linge. Manière de préciser que, quelle que soit l'activité, l'argent perçu a la même valeur. Mais pour le linge, quelle odeur !

MODE D'EMPLOI

✦ Pour montrer lors d'un débat qu'il est vain de faire de l'argent un référent moral. Exemple à utiliser : un patron doit, pour obtenir un contrat qui assurera la pérennité de sa société pendant cinq ans, verser un « pot de vin » à un intermédiaire. Dilemme : accepter contre son éthique, mais sauver son entreprise et éviter le chômage ; ou rester intègre en refusant et aller pointer à Pôle emploi avec ses salariés.

✦ Pour les humoristes : point de départ d'un sketch autour de l'argent propre et de l'argent sale.

AUTREMENT DIT

Les écus s'aiment et s'attirent. ~ L'argent est une troisième main (Paul-Jean Toulet, *Almanach des trois impostures*, 1922).

Le plus riche n'emporte que son linceul.

Ce n'est pas très exaltant, car cela nous rappelle la condition humaine, mais en même temps permet de tout relativiser en se disant que la seule richesse qui prévaut réellement, c'est la vie. Remercions alors Pierre Gringore pour ce proverbe (*Notables Enseignements, Adages et Proverbes*, 1528) qui fut un joyeux écrivain de comédies et de farces.

MODE D'EMPLOI

En regardant un yacht luxueux et démesuré qui entre dans le port avec la vanité de ses occupants (pas toujours facile à voir d'ailleurs, car souvent ils se cachent derrière des vitres teintées).

AUTREMENT DIT

Adieu, paniers : vendanges sont faites (Rabelais, *Gargantua*, 1534). ~ Vanité des vanités et tout est vanité (formule biblique dans *L'Ecclésiaste*, IIIe siècle av. J.-C.).

Les affaires, c'est l'argent des autres.

À l'heure où la crise financière continue de secouer l'économie mondiale et où chaque jour apporte son lot de scandales liés à des manipulations boursières, on comprend toute la signification de cette formule prononcée par un des personnages de la pièce de théâtre *La Question d'argent* (1857) d'Alexandre Dumas fils. Ce qui était vrai au XIXe siècle, le reste donc au XXIe !

MODE D'EMPLOI

✦ À opposer à un discours cynique expliquant qu'on ne « fait pas d'omelettes sans casser des œufs, que c'est bien dommage cette délocalisation avec ses licenciements » et concluant que « les affaires, c'est les affaires ! »
✦ Lorsque le radio-réveil fait son office le matin, cette formule doit probablement commencer à tourner en boucle dans l'esprit du spéculateur.

AUTREMENT DIT

L'argent n'a pas d'odeur (formule attribuée à l'empereur Vespasien). ~ Le commerce est l'école de la tromperie (Vauvenargues, *Réflexions et Maximes*, 1746).

Les affaires sont les affaires.

Ce titre d'une comédie grinçante (1903) d'Octave Mirbeau dépeint un industriel, Isidore Lechat (cela ne s'invente pas !). Être sans scrupules aussi bien dans ses affaires que dans sa vie privée (il cherche à marier sa fille contre son gré), il est uniquement animé par sa soif d'argent. La pièce obtint un immense succès, la formule aussi. Allez savoir pourquoi !

MODE D'EMPLOI

À utiliser de manière « détournée » pour évoquer les scandales en tous genres qui agitent le monde politique et financier.

AUTREMENT DIT

L'argent est le nerf de la guerre. ~ Il faut puiser tant que la corde est au puits.

Les petits ruisseaux font les grandes rivières.

Cette fine observation de la nature est, la plupart du temps, transposée dans le domaine du comportement humain, et notamment du rapport à l'argent. Ainsi, en accumulant de petites sommes d'argent, on peut constituer au final un joli pactole. Mais ce sens n'a rien à voir avec le sens originel ; en effet, ce proverbe trouve sa « source » (il fallait oser !) dans un texte d'Ovide, *Les Remèdes d'amour* (Ier siècle) dans lequel l'auteur latin explique la manière dont l'amour prend de l'ampleur :
« Vous voyez peu de fleuves larges dès leur source ; la plupart se grossissent par le tribut des ruisseaux qui viennent s'y perdre. »

MODE D'EMPLOI

✦ À méditer en regardant le filet d'eau qui coule du mont Gerbier de Jonc et qui s'appelle la Loire à Nantes.
✦ Sans doute omniprésent chez les technocrates chargés de trouver de nouveaux impôts.
✦ Pour se motiver à mettre des sous dans sa tirelire.

AUTREMENT DIT

Il n'y a pas de petites économies. ~ Un sou est un sou. ~ Petit profit emplit la bourse. ~ Abondance de biens ne nuit pas. ~ La pierre tombe toujours sur le tas.

On ne rend pas l'argent quand la toile est levée.

Manière de dire que lorsqu'on a pris des engagements dans une affaire, on assume jusqu'au bout. C'est un proverbe dont il faut prendre bonne note, car il vient du monde de l'Opéra où il était d'usage au XVIIIe siècle de rendre l'argent aux spectateurs qui sortaient pendant le prologue et avant le début du premier acte ; cela arrivait souvent, car beaucoup venaient seulement pour se montrer, puis repartaient. En 1740, pour mettre fin à cette pratique, lors d'une représentation de *L'Amadis de Gaule*, de Quinault, la direction placarda des affiches indiquant qu'elle ne rendrait plus l'argent une fois la toile levée.

MODE D'EMPLOI

À dire à un ami qui vous avait promis de venir vous aider pour votre déménagement et qui cherche un prétexte pour éviter la corvée.

AUTREMENT DIT

Qui le boit aussi le solde (manuscrit du XIIIe siècle). ~ Tout le monde se fait payer (La Fontaine, *Le Cerf malade*, 1694).

Plaie d'argent n'est pas mortelle.

Grâce à ce constat recueilli par P.-M. Quitard dans son ouvrage *Études historiques, littéraires sur les proverbes* (1860), on comprend que l'on peut se saigner aux quatre veines et continuer à vivre, malgré tout.

MODE D'EMPLOI

Si votre banquier a de l'humour (on peut avoir de l'imagination !), voilà un proverbe que vous pouvez lui adresser lorsqu'il vous rappelle que votre compte en banque est dans le rouge…

AUTREMENT DIT

Faute d'argent, c'est douleur non pareille (Rabelais, *Pantagruel*, 1532). ~ L'argent ne fait pas le bonheur.

Sans argent, l'honneur n'est qu'une maladie.

Cette vision mercantile et matérialiste d'une dignité morale est celle du valet de comédie Petit Jean dans *Les Plaideurs* (1668) de Racine : il explique qu'il ne remplit son office de portier devant la maison du juge Dandin qu'en échange d'un pourboire. Dans cette conception, l'honneur est confondu avec le pouvoir matériel. Belle mentalité !

MODE D'EMPLOI

À emporter à une session d'un café philosophique et à prononcer sur le mode interrogatif pour ouvrir une discussion sur la place de l'argent dans notre vie. Malgré tout, ne pas oublier de régler ses consommations en partant.

AUTREMENT DIT

L'argent est un autre sang. ~ Marteau d'argent ouvre porte de fer.

BALOURDISE

Il n'y a que les imbéciles qui ne changent pas d'avis.

Montaigne stoïcien prônait de s'endurcir à l'idée de la mort, mais après un grave accident de cheval admit qu'il se serait volontiers caché sous la peau d'un âne pour y échapper. Les circonstances nous amènent ainsi à réviser une position ; c'est aussi ce que défendit Auguste Marseille Barthélemy, un homme politique connu pour ses revirements politiques, dans un ouvrage en vers intitulé *Ma Justification* (1832) : voici sa défense avec la formule proche du proverbe.

« Nous sommes tous, sans but ni sans route tracée,
Des aveugles assis au bord d'un chemin ;
Le crime d'aujourd'hui sera vertu demain.
J'ai pitié de celui qui, fier de son système,
Me dit : "Depuis trente ans ma doctrine est la même,
Je suis ce que je fus, j'aime ce que j'aimais."
L'homme absurde est celui qui ne change jamais ;
Le coupable est celui qui varie à toute heure,
Et trahit, en changeant, sa voix intérieure. »

MODE D'EMPLOI

À utiliser à chaque fois qu'un contradicteur (de mauvaise foi) s'ingénie à dire : « Mais ce n'est pas ce que vous aviez dit la dernière fois ! » ; puis, après un petit temps de pause, ajouter : « Mais vous, si… »

AUTREMENT DIT

On ne se baigne pas deux fois dans le même fleuve (Héraclite d'Éphèse, *Fragments*, v^{e} av. J.-C.). ~ Les temps changent et nous changeons avec eux (Lothaire Ier, 795-855).

L'enfer est pavé de bonnes intentions.

On peut dire que c'est un spécialiste de la question qui cite ce précepte puisqu'il s'agit de l'évêque François de Sales (1567-1622), qui sera par la suite canonisé. Manière toute biblique de nous signaler que vouloir faire le bien à tout prix peut avoir des conséquences parfois néfastes. Nous sommes prévenus !

MODE D'EMPLOI

✦ Pour éconduire poliment une personne envahissante.
✦ Pour excuser la grosse bourde d'une personne à qui vous aviez prêté votre voiture et qui vous la rend en ayant fait le plein d'essence alors que votre moteur tourne au diesel ! Cette réponse réclame une grande maîtrise de soi, mais semble préférable à l'exclamation regrettable mais probable : « Mais, espèce d'abruti ! »
✦ À glisser absolument dans son reportage pour un journaliste sportif commentant la course cycliste Paris-Roubaix.

AUTREMENT DIT

Laissez faire aux bœufs de devant (Noël du Fail, *Propos rustiques*, 1547). ~ Il est pointu comme une boule.

Les bêtes sont au bon Dieu. Mais la bêtise est à l'homme.

C'est une occasion amoureuse ratée qui fait dire cela à Victor Hugo dans le poème *La Coccinelle* (*Les Contemplations*, 1856). Derrière le parallélisme peu flatteur pour l'homme, c'est aussi sa naïveté qui est gentiment soulignée.

MODE D'EMPLOI

Pour essayer de rattraper une gaffe lors d'une rencontre amoureuse (l'auteur de cet ouvrage ne garantit pas l'efficacité de la suggestion).

AUTREMENT DIT

Il faut faire contre mauvaise fortune bon cœur. ~ Jamais deux sans trois. ~ Quand on n'a pas de tête, il faut des jambes.

Qui veut faire l'ange fait la bête.

Avec cette formule, Pascal (*Pensées*, 1670) nous rappelle à notre nature imparfaite et nous prévient qu'à vouloir être trop parfait, on risque de devenir complètement insupportable et infréquentable. Manière de dire qu'il faut accepter et reconnaître ses défauts et ceux des autres.

MODE D'EMPLOI

✦ À glisser à l'oreille d'un psychorigide et/ou d'un perfectionniste (il est possible de les confondre).

✦ S'en souvenir pour modérer son exaspération devant une personne qui a commis une erreur.

AUTREMENT DIT

L'enfer est pavé de bonnes intentions. ~ Le mieux est l'ennemi du bien.

BEAUTÉ

Il ne sert à rien d'être jeune sans être belle, ni belle sans être jeune.

Derrière cette belle figure de style (un chiasme !), extraite des *Réflexions, ou Sentences et Maximes morales* (1665) de La Rochefoucauld, se cache à peine le regard masculin qui considère la femme comme un objet de désir sexuel devant réunir les deux conditions (jeunesse et beauté) pour présenter un intérêt pour la gent masculine.

MODE D'EMPLOI

✦ Si l'on veut passer pour un goujat auprès d'une jeune fille que l'on ne trouve pas à son goût.
✦ Si l'on veut passer pour un goujat auprès d'une cougar.
✦ Si on a décidé de finir seul la soirée.

AUTREMENT DIT

Elle n'a point sacrifié aux grâces. ~ Il n'y a point de si belle rose qui ne devienne gratte-cul.

Il n'est si belle rose qui ne devienne gratte-cul.

Cette maxime recueillie par le grammairien Gilles Ménage (*Miscellanea*, 1652) rappelle métaphoriquement la fuite du temps et ses outrages ; ainsi la beauté passe. Les plus pessimistes (ou réalistes) y verront aussi l'usure du sentiment amoureux qui transforme une reine de beauté en mégère acariâtre, véritable « poil à gratter ».

MODE D'EMPLOI

✦ Pour se moquer gentiment d'un ami qui fanfaronne au bras de sa nouvelle conquête. Évidemment à glisser discrètement à l'oreille de l'ami ; la goujaterie a des limites (« Ah, bon ! »).

✦ Dans une soirée entre copines, pour se rassurer sur l'avenir en regardant un film avec Julia Roberts.

AUTREMENT DIT

Beauté n'est qu'image fardée. ~ Il n'y a point de si bon cheval qui ne devienne rosse.

Le bon a besoin de preuves, le beau n'en demande point.

Homme d'esprit, écrivain et scientifique, Fontenelle (1657-1757) vécut centenaire : le temps ainsi de se rendre compte à quel point la beauté esthétique s'impose directement sans autre argument qu'elle-même, alors que les actions positives et généreuses demandent un engagement qui ne va jamais de soi.

MODE D'EMPLOI

Lors d'un vernissage, pour mettre fin à une discussion interminable autour de l'originalité chromatique et séquentielle des tableaux de Pieter Brindt.

AUTREMENT DIT

Un beau visage est le plus beau des spectacles (La Bruyère, *Les Caractères*, 1688). ~ Beau visage vaut un mets.

Sois belle et tais-toi !

Le proverbe est souvent un miroir grossissant des rapports entre les êtres ! Ici pas d'ambiguïté et pas reluisant ! L'injonction phallocratique exprime bien la vision réductrice de la femme cantonnée à une fonction ornementale de potiche. Il est probable que cette image de la femme ne date pas d'hier, mais c'est un film de Marc Allégret, *Sois belle et tais-toi* (1958) avec l'actrice Mylène Demongeot, qui a « popularisé » la formule.

MODE D'EMPLOI

On peut y penser en regardant ces concours de « Miss » où la plastique est le seul critère de « sélection » même si les gentils organisateurs veulent nous faire croire le contraire en donnant la parole 30 secondes à chaque candidate pour qu'elle récite le texte qu'elle a appris par cœur. Que dire de plus ?

AUTREMENT DIT

À la chandelle, la chèvre semble demoiselle (Jean-Antoine de Baïf, *Mimes, Enseignements et Proverbes*, 1576). ~ Il y a peu de femmes dont le mérite dure plus que la beauté (La Rochefoucauld, *Réflexions ou Sentences et Maximes morales*, 1665).

Bonheur

La chance sourit aux audacieux.

Alors n'hésitons pas, faisons preuve d'audace ! Le conseil n'est pas récent puisqu'il apparaît déjà dans un vers de Virgile (*Énéide*, Ier siècle av. J.-C.) sous la forme « la fortune sourit aux audacieux » (« *audentes fortuna juvat* ») ; fortune ayant ici le sens de « sort ». Manière de nous dire que la chance et le bonheur sont à portée de main, à condition de faire l'effort. Alors, encore une fois, n'hésitons pas !

MODE D'EMPLOI

S'en souvenir les matins où l'on n'a pas envie de se lever ; les jours où l'on n'ose pas prendre la parole dans une réunion ; le jour où l'on doit affronter Dark Vador pour passer au niveau IV ; le soir où l'on veut déclarer sa flamme à l'élu(e) de son cœur. Bref, dans tous les moments qui peuvent devenir des instants de bonheurs (petits et grands) si on décide de les saisir !

AUTREMENT DIT

Un grand obstacle au bonheur, c'est de s'attendre à un trop grand bonheur (Fontenelle, *Discours du bonheur*, 1724). ~ Il n'est point de bonheur sans nuage.

Le malheur des uns fait le bonheur des autres.

Voilà une vision fataliste et binaire du monde montrant le perpétuel conflit qui oppose les êtres animés par leurs intérêts contradictoires. Le constat est formulé siècle après siècle : Montaigne ne pouvait le laisser passer, il le reprend ainsi : « Le profit de l'un est le dommage de l'autre » (*Essais*, 1580). Qu'y faire ? Les esprits optimistes feront remarquer que le proverbe est réversible : « Le bonheur des uns fait le malheur des autres ». Alors, attendre que la roue tourne ?

MODE D'EMPLOI

✦ Ce que pourrait penser le milliardaire, soudain touché par une crise de conscience morale, qui a fait fortune dans la fabrication de vêtements uniquement confectionnés dans les pays où la main-d'œuvre est « bon marché ». Évidemment, cela est une fiction.
✦ Ce que doit penser la main-d'œuvre « bon marché », en touchant son salaire. Évidemment, cela est une réalité.

AUTREMENT DIT

Les jours se suivent et ne se ressemblent pas. ~ Après la pluie, le beau temps. ~ À quelque chose malheur est bon.

On n'est jamais si malheureux qu'on croit, ni si heureux qu'on avait espéré.

Soyons philosophes et prenons la vie comme elle vient, de toutes les manières, nous ne serons jamais satisfaits ; c'est l'invitation de cette sentence de La Rochefoucauld (*Réflexions, ou Sentences et Maximes morales*, 1665).

MODE D'EMPLOI

✦ À méditer après avoir reçu un redressement fiscal. Se dire qu'il y en aura peut-être d'autres…

✦ À méditer après avoir reçu un remboursement de trop perçu du Trésor public. Le photographier et se dire que cela ne se reproduira plus…

AUTREMENT DIT

Le soleil luit pour tout le monde. ~ Trois jours ne sont pas noces.

Pour vivre heureux, vivons cachés.

Après l'engouement des premières années, les amateurs commencent à mesurer les risques à exposer leur vie privée sur les réseaux sociaux. Jean-Pierre Claris de Florian n'a pas connu Internet, mais il avait compris la nécessité de préserver son intimité. C'est la leçon de ce proverbe tirée de sa fable *Le Grillon* (1792) où un grillon voit un beau papillon, dont il est jaloux, se faire massacrer par une troupe d'enfants :

« Oh ! oh ! dit le grillon, je ne suis plus fâché ;
Il en coûte trop cher pour briller dans le monde.
Combien je vais aimer ma retraite profonde !
Pour vivre heureux, vivons cachés. »

MODE D'EMPLOI

✦ Pirouette utile à une célébrité pour refuser une énième interview télévisée.

✦ Pour convaincre votre bande de copains, qui vous a rejoint pour retaper une vieille ferme au fin fond d'un petit village de la Creuse, que la vie à la campagne loin de tout, sans télé, sans connexion internet et sans réseau pour le smartphone, c'est le début du bonheur. Leur réaction vous indiquera leur degré d'adhésion.

AUTREMENT DIT

La vie n'est de soi ni bien ni mal : c'est la place du bien et du mal selon que vous la leur faites (Montaigne, *Essais*, 1580). ~ Cache ta vie (précepte de l'Antiquité grecque).

CARPE DIEM

Ah ! qu'il est doux de ne rien faire Quand tout s'agite autour de vous.

Cette invitation au calme et à la détente aurait pu être un slogan pour les RTT, mais à entendre en musique, car c'est le refrain de *Galatée* (1852), un opéra-comique de Victor Massé.

MODE D'EMPLOI

À prononcer le plus lentement possible, en donnant une légère impulsion au hamac dans lequel vous somnolez, sans pour autant lâcher le cocktail de fruits (avec ou sans alcool) que vous sirotez.

AUTREMENT DIT

Mieux vaut un peu chaque jour que trop au carnaval. ~ Trop tirer rompt la corde. ~ Pas de nouvelles, bonnes nouvelles.

Aujourd'hui en chère, demain en bière.

« Chère » et « bière » méritent une petite explication : ici « chère » signifie visage (du latin *cara*). Ainsi « faire bonne chère » équivaut à « faire bon visage » ; quant à la « bière », elle ne contient pas de houblon et ne se boit pas, car il s'agit du cercueil où l'on place le mort (du francique *bera*, civière). Ce proverbe ancien évoque donc la fragilité de la vie ! Ah !

MODE D'EMPLOI

✦ À penser et repenser, à dire et redire, lorsqu'on trouve que la vie n'est pas facile.
✦ Pour apprécier les petits matins brumeux, les jours de pluie et ne pas se laisser impressionner par le flot des factures qui arrivent chaque jour.

AUTREMENT DIT

Dans la vie, faut pas s'en faire, moi je ne m'en fais pas (Albert Willemetz, 1934). ~ Il fait bon vivre et ne rien savoir (Adrien de Montluc, *La Comédie de proverbes*, 1616).

Bonne chère rend le cœur joyeux.

Pas de méprise ! Au départ cette « bonne chère » n'est pas de la nourriture, ni de la viande, il s'agit du visage (du latin *cara*) et de la mine que l'on fait. Ainsi, un hôte bien accueilli sera dans de bonnes dispositions ; c'est pourquoi le sens du proverbe s'est élargi au bon repas qui accompagne éventuellement cet accueil chaleureux. *L'Ancien Testament* (*Livre des proverbes*) propose déjà de suivre ce bon conseil inversé : « Cœur joyeux fait bon visage. »

MODE D'EMPLOI

À prononcer à chaque fois que l'on se trouve devant une mine renfrognée. Ne pas trop s'épuiser quand même.

AUTREMENT DIT

Celuy vit seulement lequel vit aujourd'hui (Joachim du Bellay, *Les Regrets*, 1558). ~ En ce monde n'a de plaisir, Qui ne s'en donne (Jean Passerat, *Ode du premier jour de may*, 1534-1602).

Qui a honte de manger a honte de vivre.

Ce proverbe extrait d'un manuscrit de la Renaissance souligne que les plaisirs de la table font tout simplement partie des plaisirs de la vie et qu'il n'y a pas à s'en cacher. À table !

MODE D'EMPLOI

Pour provoquer (gentiment) le nutritionniste de la cure thermale. Pour se moquer (pas gentiment) des charlatans des régimes alimentaires.

AUTREMENT DIT

Chaque âge a ses plaisirs, son esprit et ses mœurs (Nicolas Boileau, *Art Poétique*, 1671). ~ Il faut prendre le temps comme il vient.

CHOIX

Il faut bien qu'une porte soit ouverte ou fermée.

Dans la vie, il y a des choix à faire. On peut hésiter un moment, mais il faut finir par se décider ; c'est ce qu'a fait Alfred de Musset en empruntant cette affirmation, pour le titre d'une de ses pièces, à deux auteurs oubliés du XVIIe siècle, David Augustin de Brueys et Jean de Palaprat, qui l'employaient dans leur œuvre *Le Grondeur* (1691).

MODE D'EMPLOI

Il est 20 h 00 et vous aimeriez bien rentrer chez vous : la réunion s'éternise, car il faut prendre une décision et plusieurs participants continuent de tergiverser (« peut-être bien que oui, peut-être bien que non ») ; glissez ce proverbe dans votre intervention pour inciter les indécis à se positionner.

AUTREMENT DIT

Le cachet de la médiocrité, c'est de ne pas savoir se décider (Jean-Baptiste Say, *Quelques aperçus des hommes et de la société*, 1817).
~ Il faut passer par là ou par la fenêtre.

Il ne faut pas y aller par quatre chemins.

Ce qui prendrait beaucoup de temps ! Cette expression (notée à partir de 1656) est devenue proverbiale pour nous inciter à aller directement au but, sans détours, avec courage. Mais pourquoi « quatre » et pas cinq ou six ? Il faut s'imaginer à un carrefour classique avec ses quatre voies (possibilités) et ne pas hésiter.

MODE D'EMPLOI

✦ Avant d'annoncer une nouvelle, une décision difficile. Respirer un bon coup, c'est parti !
✦ À lancer à une personne qui tergiverse, tourne autour du pot, tente de noyer le poisson.

AUTREMENT DIT

Qui ne se hasarde n'est jamais pendu. ~ Avoir du sang aux ongles.

L'on ne peut servir ensemble et Dieu et le Diable.

Dans la vie, il faut faire des choix et prendre position ; ce proverbe cité dans un manuscrit du XIVe siècle (*Dicta sive proverbia volgaria*) qui reprend la formule biblique « Nul ne peut servir deux maîtres » est explicite, il faut choisir son camp !

MODE D'EMPLOI

C'est le moment où le serveur prend la commande au restaurant : un des convives bloque le tour de table par ses hésitations : « Oui, cela me tente bien, mais d'un autre côté… ». C'est le moment de placer le proverbe pour abréger les « souffrances » du groupe et du serveur.

Cet emploi comporte cependant un risque : celui d'interrompre les hésitations du convive qui va vous demander ce que vous entendez par là. Vous n'êtes alors pas « sorti de l'auberge » !
À asséner à l'hypocrite qui ne choisit jamais son camp, louvoie en permanence et est adepte du « peut-être bien que oui, peut-être bien que non » ; « oui, c'est sûr mais d'un autre côté… »

AUTREMENT DIT

Il ne sait sur quel pied danser. ~ Il ne sait à quel saint se vouer.

Un mauvais accommodement vaut mieux qu'un bon procès.

Parfois, même si on est dans son bon droit, son intérêt consiste à gagner moins pour éviter de tout perdre.

MODE D'EMPLOI

À conseiller à un proche qui ne veut rien lâcher dans une affaire où il se sent lésé mais risque de tout compromettre s'il s'entête.

AUTREMENT DIT

Mettre de l'eau dans son vin. ~ Sonder le gué.

COMMENCEMENT

Il faut perdre un vairon pour pêcher un saumon.

Les vairons sont des petits poissons de rivières avec lesquels on peut faire une bonne friture et que les saumons croquent tout crus. Aussi le pêcheur s'en sert-il comme appâts. L'adage suggère donc de savoir perdre petit pour attraper gros. Dans la fable de La Fontaine, *Le Petit Poisson et le Pêcheur* (1668), cet adage n'est pas suivi par le pêcheur qui lui préfère la formule :
« Un tien vaut, ce dit-on, mieux que deux tu l'auras :
L'un est sûr, l'autre ne l'est pas. »
À vous de choisir !

MODE D'EMPLOI

✦ Pour convaincre un hésitant de prendre un risque « minime » dans une affaire.
✦ Pour secouer le timoré qui voudrait le beurre, l'argent du beurre et la crémière sans prendre le moindre risque.

AUTREMENT DIT

Il fait bon reculer pour mieux sauter. ~ Qui ne risque rien n'a rien. ~ On n'a rien pour rien.

Il n'y a que le premier pas qui coûte.

C'est Mme Deffand, femme d'esprit, amie des philosophes des Lumières qui est l'auteur de cette formule. Dans une lettre à d'Alembert, elle rapporte une conversation qu'elle a eue avec le cardinal de Polignac à propos du martyre de saint Denis qui, décapité, aurait porté sa tête de Montmartre à Saint-Denis. Le cardinal discourait sur la longueur d'un tel trajet : Mme Deffand l'interrompit alors en lui expliquant que dans une telle situation « il n'y a que le premier pas qui coûte. »
Manière de dire qu'en toutes choses, c'est l'initiative qui prévaut. Mais la lettre ne dit pas si le cardinal de Polignac apprécia cette manière de « couper court » son discours.

MODE D'EMPLOI

✦ Si demain, vous êtes le premier homme ou la première femme à marcher sur Mars, cette formule sera du meilleur effet.
✦ À se répéter avant un rendez-vous amoureux.

AUTREMENT DIT

Qui ose peu souvent la fortune contraire (Mathurin Régnier, *Satires*, 1608). ~ Qui sait tout souffrir peut tout oser (Vauvenargues, *Réflexions et Maximes*, 1746).

Ne pas mettre la charrue devant les bœufs.

Le temps de la traction animale est révolu dans nos champs, mais la logique de ce proverbe médiéval ne nécessite pas un BTS d'agriculture et le permis de conduire d'engins agricoles ; on aura compris que toute entreprise réclame de l'organisation et le respect d'un sens pour commencer.

MODE D'EMPLOI

✦ Avant de commencer un puzzle de 5 000 pièces, s'en souvenir pour ne pas « s'éparpiller » ; constituer donc des tas par couleur et prévenir le reste de la famille que la table du salon ne sera plus utilisable pendant un certain temps.
✦ À dire à un enfant qui découvre incrédule qu'il n'arrive pas à attraper la balle de tennis avec sa raquette, alors qu'il y arrive parfaitement avec sa console.

AUTREMENT DIT

Ce qui est fait à temps est toujours bien fait. ~ Le bon commencement attrait la bonne fin (manuscrit du xve siècle).

Qui en jeu entre, jeu consente.

Il faut être bon joueur et accepter les règles quelle que soit l'issue du jeu auquel on participe. C'est la leçon à retenir de ce proverbe du Moyen Âge (xiiie siècle) ; chevaliers, faites vos jeux !

MODE D'EMPLOI

✦ Il faudrait le graver dans tous les vestiaires des sports collectifs (particulièrement ceux du football !).
✦ Les joueurs (particulièrement les footballeurs professionnels) amateurs de tatouages ne devraient pas hésiter à le faire tatouer sur leurs avant-bras (les deux !) ; ils pourraient consulter le proverbe à chaque fois que l'envie leur prend de contester la décision de l'arbitre (certains passeraient sans doute alors leur temps à lire leurs avant-bras !).
✦ À rappeler à la Grande-Bretagne qui est dans l'Union européenne, tout en étant dehors en refusant l'euro.

AUTREMENT DIT

Qui quitte la partie la perd. ~ Jouer bon jeu bon argent. ~ À bourse de joueur, il n'y a pas de loquet (*Proverbes rurauz et vulgauz*, manuscrit du xive siècle).

Conseils

À la Sainte-Catherine, tout bois prend racine.

Vous pouvez prendre un air « candide » et mettre vos bottes, car nous allons remuer la terre avec ce dicton de jardinier avertissant que c'est à partir de la fin novembre (Sainte-Catherine, le 25 novembre) qu'il faut procéder aux boutures à bois sec ; autrement dit prélever des bouts de rameaux à planter en terre pour obtenir de nouveaux arbres.

MODE D'EMPLOI

✦ Pour les citadins, de passage dans la famille qui habite à la campagne ; pour montrer que l'on n'a pas oublié « ses racines »…
✦ Pour les ruraux, de passage dans la famille qui habite en ville : lors de la promenade digestive dans le parc botanique de la ville pour montrer que l'on est venu avec « ses racines »…

AUTREMENT DIT

Entre Catherine et Noël, tout bois est bon à planter. ~ Chaque chose en son temps.

Les conseilleurs ne sont pas les payeurs.

C'est l'avertissement que nous envoie Gabriel Meurier dans son ouvrage, *Trésor des sentences* (1568) ; on peut toujours entendre un avis, mais c'est celui qui prend la décision qui engage sa responsabilité et seulement lui. Donc prudence quand à l'importance à accorder aux conseilleurs qui ne risquent rien.

MODE D'EMPLOI

Pour calmer les ardeurs des adeptes du « y'a qu'à » et du « faut qu'on ». Pour ceux qui se sentent une âme de missionnaire, ils ont le vaste territoire des comptoirs de bistrot (là où certains refont le monde) à « civiliser » avec ce proverbe. Mission à risques.

AUTREMENT DIT

Un homme averti en vaut deux. ~ Deux avis valent mieux qu'un.

Ne mettez pas votre doigt entre l'écorce et l'arbre.

Sage conseil suggérant d'éviter de se mêler des affaires d'autrui, surtout s'il s'agit d'un conflit au sein d'un couple : Molière utilise ce proverbe dans *Le Médecin malgré lui* (1666) : Sganarelle bat sa femme Martine ; le voisin M. Robert veut intervenir et se fait sèchement repousser par Martine d'abord, puis par Sganarelle :
« Et vous êtes un impertinent, de vous ingérer des affaires d'autrui. Apprenez que Cicéron dit qu'entre l'arbre et le doigt il ne faut point mettre l'écorce. »

MODE D'EMPLOI

- ✦ À conseiller aux parents d'un couple qui se dispute.
- ✦ Pour refuser poliment d'être pris à témoin dans une querelle de voisinage.

AUTREMENT DIT

Le plus sage se tait (Pierre Gringore, *Notables Enseignements, Adages et Proverbes*, 1528). ~ Près des ânes, on attrape des coups de pied.

Ne pas s'embarquer sans biscuits.

À l'origine ce précepte s'adressait aux marins qui partaient en mer et devaient prévoir la nourriture, notamment des biscuits secs (et durs !), car les réfrigérateurs n'existaient pas et il fallait trouver des aliments qui se conservaient. Au sens figuré, et revenue à terre, l'expression prévient de ne pas s'engager dans une affaire sans prendre les moyens pour la mener à son terme.

MODE D'EMPLOI

✦ À conseiller au sens propre à un apprenti pâtissier qui veut faire pour la première fois une charlotte aux poires.
✦ Pour un dialoguiste d'un film d'action : à placer dans la bouche du héros (au profil Stallonien évidemment) dès le début du film. À dire d'une voix rauque, mâle et virile.

AUTREMENT DIT

Dans tout ce que tu fais, considère la fin. ~ On tend les voiles du côté que vient le vent.

Où la chèvre est attachée, il faut qu'elle broute.

Doit-on suivre ce proverbe qui suggère de se résigner à ce que l'on a ? C'est en tous cas, le conseil que donne Guillaume Bouchet (*les Serées*, 1584), plus connu comme spécialiste des oiseaux que des chèvres sur lesquels il écrivit un ouvrage de référence, *Recueil de tous les oiseaux de proye qui servent à la vollerie et fauconnerie* (1618).

MODE D'EMPLOI

Pour essayer d'accepter l'idée qu'il n'y aura pas d'augmentation de salaire cette année. Seulement pour essayer…

AUTREMENT DIT

Quand on n'a pas ce que l'on aime, il faut aimer ce que l'on a (Roger de Bussy-Rabutin, *Lettre à Mme de Sévigné*, 1667). ~ Ne poursuivez pas le vent qui emporte votre chapeau.

Conséquences

À gros larron, grosse corde.

La menace est réelle ! Ce proverbe rappelle qu'autrefois la pendaison était souvent le dernier tour (pendable !) d'une personne accusée d'un vol ou d'un crime plus grave. L'équivalence entre la gravité de la faute et le diamètre de la corde ne changeant pas grand-chose à l'issue fatale. Dans son *Livre des Proverbe français* (1842), Antoine Le Roux de Lincy date la formule du XVe siècle.

MODE D'EMPLOI

Pour souligner d'une manière toute métaphorique que l'on sera capable de prendre des sanctions à hauteur de la faute commise. Certes, le proverbe est un peu « rétro », mais parier que la personne visée comprendra, d'autant qu'elle a commis un « tour pendable » !

AUTREMENT DIT

Le gibet ne perd pas ses droits. ~ Le glaive de la justice n'a pas de fourreau (Joseph de Maistre, *Les Soirées de Saint-Pétersbourg*, 1821).

Chien hargneux a toujours l'oreille déchirée.

Chercher querelle ou donner des coups expose : il ne faut donc pas s'étonner des conséquences. C'est pour prévenir une telle situation que le jeune dogue querelleur Mouflar a les oreilles coupées par son maître dans la fable de la Fontaine *Le Chien à qui on a coupé les oreilles* (1678).

MODE D'EMPLOI

En observant le triste spectacle de ces « supporters » de certains clubs de football qui ont trouvé dans les stades un exutoire à leurs frustrations et qui assistent aux matchs, parqués derrière des grilles, comme des fauves en cage, la plupart du temps sans regarder le terrain, mais en invectivant le public de l'équipe adverse. Ne pas y penser trop longtemps.

AUTREMENT DIT

À cheval hargneux, il faut une écurie à part (Philibert-Joseph Le Roux, *Dictionnaire proverbial*, 1786). ~ Mauvaise herbe croît toujours.

Fais ce que tu dois, advienne que pourra.

Dans la vie, on ne maîtrise pas tout, nos actes ont des conséquences qu'on ne peut pas toujours mesurer ; c'est pourquoi cet adage, un brin fataliste, tiré d'un manuscrit de 1456, *Proverbes en françois*, invite à agir en son âme et conscience en attendant que l'avenir dise si les choix étaient judicieux. « *Alea jacta est* » aurait dit César !

MODE D'EMPLOI

- Pour inciter un hésitant à se positionner.
- Pour se stimuler au moment de prendre une grande décision.

✦ À dire en parlant fort à cause du bruit du moteur, et de la porte ouverte sur le vide, au novice qui effectue son premier saut en parachute.

AUTREMENT DIT

C'est ton destin (sketch des Inconnus). ~ La fortune sourit aux audacieux. ~ Le sort en est jeté (« *Alea jacta est* », formule de César franchissant le Rubicon).

Qui a bu boira.

Ce dicton ancien illustre sous forme de prédiction la difficulté à se débarrasser d'une « mauvaise » habitude ou d'une addiction. Il est cité dans le titre d'une saynète *Le Père Joseph ou Qui a bu boira* (*Proverbes dramatiques* de 1823-1826) de Théodore Leclercq.

MODE D'EMPLOI

✦ Y songer en écoutant un homme politique, fraîchement élu, dire la main sur le cœur que lui, il ne fera pas comme son prédécesseur.
✦ Vous faites un régime et vous passez devant la vitrine d'une pâtisserie : un superbe Paris-Brest accroche votre regard et votre gourmandise. Vous ne résistez pas et entrez dans la boutique. Une pensée pour le dicton, puis tout à votre plaisir.

AUTREMENT DIT

Chacun a son défaut où toujours il revient (La Fontaine, *L'Ivrogne et sa Femme*, 1668). ~ C'est un homme et puis c'est tout.

Qui sème le vent récolte la tempête

Avertissement biblique du prophète Osée (*Ancien Testament*, VIIIe siècle av. J.-C.) pour rappeler que si l'on provoque une

querelle ou un désordre, il ne faudra pas s'étonner des conséquences et de leur ampleur. Nous voilà prévenus !
« Puisqu'ils ont semé du vent, ils moissonneront la tempête ; Ils n'auront pas un épi de blé ; Ce qui poussera ne donnera point de farine, Et s'il y en avait, des étrangers la dévoreraient ».

MODE D'EMPLOI

Pour manifeste son désaccord avec une décision et suggérer ses conséquences néfastes. À dire avec une voix de stentor si possible (pour les hommes) ; à dire en martelant chaque syllabe (pour les femmes).

AUTREMENT DIT

Plus on remue la boue, plus elle pue (*Proverbia vulgalia et latina*, XIIIe siècle). ~ Je lui mettrai la tête où il a les pieds.

Qui s'y frotte s'y pique.

Aïe ! Ouille ! Nous voilà prévenus ! Cette formule vaut comme principe de précaution en rappelant que lorsque l'on prend des risques, il faut être prêt à en assumer les conséquences. Devise de Louis XI, elle accompagnait son emblème royal, un fagot d'épines ; ainsi tout le monde savait à quoi s'en tenir sur le caractère facile et enjoué du personnage.

MODE D'EMPLOI

✦ Pour faire comprendre à un enfant le pouvoir urticant des orties.
✦ Pour expliquer après coup une grosse colère au cours de laquelle des noms d'oiseaux ont été échangés. Pour tenter l'apaisement… si c'est encore possible.

AUTREMENT DIT

Un homme averti en vaut deux. ~ Il tuerait un mercier pour un peigne.

Courage

À vaillant cœur rien d'impossible.

C'est la devise de Jacques Cœur (1395-1456), dont la vie fut un véritable roman d'aventures : grand commerçant, argentier et ami de Charles VII. Ce dernier, influencé par des proches jaloux de la réussite de Jacques Cœur, le fera emprisonner et dépouiller de tous ses biens. Qu'importe, il s'évadera et ira vivre et finir ses jours à Rome en tant que capitaine d'escadre, protégé par le pape.

MODE D'EMPLOI

✦ À prononcer discrètement sur la planche du plongeoir de 10 mètres où vous êtes monté imprudemment pour tenir un pari.
✦ À se rappeler sur le coup de 21 h 00, avant d'entamer la lecture d'un dossier de 150 pages dont vous devez faire un compte rendu à la réunion de 8 h 00, le lendemain matin.

AUTREMENT DIT

Il n'y a pas d'heure pour les braves. ~ C'est dans les grands dangers qu'on voit un grand courage.

À vaincre sans péril on triomphe sans gloire.

Voilà un alexandrin qui sonne bien dans notre époque de compétition, de challenges et de records en tous genres, où la barre est toujours placée plus haut : la victoire n'a de prix que si elle est obtenue au prix d'un risque, sinon pfuitt ! Dans la pièce de Corneille, *le Cid* (1636), elle traduit aussi la suffisance de Don Gomès qui croit que Rodrigue n'est pas un adversaire à sa taille :
« J'admire ton courage, et je plains ta jeunesse.
Ne cherche point à faire un coup d'essai fatal ;
Dispense ma valeur d'un combat inégal ;
Trop peu d'honneur pour moi suivrait cette victoire :
À vaincre sans péril, on triomphe sans gloire.
On te croirait toujours abattu sans effort ;
Et j'aurais seulement le regret de ta mort. »

MODE D'EMPLOI

✦ À conseiller à un entraîneur dont l'équipe occupe la dernière place du classement.
✦ Pour motiver ses joueurs, prostrés sur les bancs dans le vestiaire, avant de rencontrer l'équipe qui est en tête du championnat et a écrasé jusqu'ici toutes les équipes qu'elle a rencontrées.

AUTREMENT DIT

Il ne faut pas se moquer des chiens avant d'être sorti du village. ~ Qui ne se hasarde n'est jamais pendu.

Il faut prendre le taureau par les cornes.

Quelle drôle d'idée ! Voilà un adage qu'il faut prendre immédiatement dans son sens métaphorique si l'on veut rester de ce monde ! Autrement dit, ne pas hésiter à affronter une difficulté pour la résoudre. L'expression est citée dans *Les Mémoires pour servir à l'usage du* XVIIIe (1724) de Guillaume de Lamberty : « C'étoit d'autant qu'il avoit ouï dire au feu Duc de Schomberg, le Père, que d'attaquer la France dans les Païs-Bas, c'étoit prendre un Taureau par les cornes. » La France, un taureau, nous sommes prévenus maintenant !

MODE D'EMPLOI

✦ Conseil à donner par les amateurs de corrida à ses détracteurs pour tester leur détermination.
✦ Conseil à donner par les opposants aux corridas aux amateurs pour chercher à les éliminer.

AUTREMENT DIT

Il faut prendre la bête par les cornes. ~ Bonne volonté supplée à la faculté (Gabriel Meurier, *Trésor des sentences*, 1568).

Il ne faut pas jeter le manche après la cognée.

La cognée est cette grosse hache utilisée autrefois pour abattre les arbres. Cet adage fait allusion à un bûcheron qui, dépité d'avoir perdu le fer de sa hache, jeta le manche et se retrouva sans outil de travail (incident qui sert de point de départ à une fable de La Fontaine, *Le Bûcheron et Mercure*, 1668). La leçon, tirée de *Mimes, Enseignements et Proverbes* (1576) de Jean-Antoine de Baïf, est donc de ne pas céder au découragement lorsqu'une difficulté survient. C'est la vie !

MODE D'EMPLOI

Formule à la disposition d'un entraîneur à la mi-temps d'un match où son équipe est menée largement au score (exemple : la demi-finale de la Coupe du monde de football 2014 entre l'Allemagne et le Brésil : à la mi-temps, le Brésil était mené 5-0 !).

AUTREMENT DIT

Fort est qui abat, plus fort est qui se relève. ~ Tous les jours de chasse ne sont pas des jours de prise.

Il n'y a pas d'heure pour les braves.

Enfin… c'est ce que répond, dans un mélodrame de Baudoin d'Aubigny *Les Deux Sergents*, 1823), un soldat qui va être fusillé et à qui on rappelle qu'il ne lui reste plus qu'une heure pour vivre. Heureusement, ce proverbe a une portée moins tragique pour suggérer qu'on est toujours prêt, quelles que soient les circonstances.

MODE D'EMPLOI

✦ Pour réveiller et motiver les enfants le jour de la rentrée.
✦ Pour faire passer un horaire tardif de réunion non prévue auprès de collaborateurs qui pensaient que la journée était finie (pensée loin d'être incongrue lorsqu'il est 19 h 00 et que les « collaborateurs » sont là depuis 8 h 00 le matin…). Il est nécessaire d'avoir un ton enjoué et d'être vraiment très souriant !

AUTREMENT DIT

Mieux vaut tard que jamais. ~ Selon le temps, la manière (*Proverbes au vilain*, XIIIe siècle).

On ne saurait faire une omelette sans casser des œufs.

En dehors du constat technique culinaire que personne ne contestera, ce proverbe, cité dans l'édition de 1878 du *Dictionnaire de l'Académie*, suggère que toute action peut comporter une part de risques, voire de sacrifices. En filigrane, il y a aussi l'idée que cela ne doit pas nous arrêter (sinon pas d'omelette !).

MODE D'EMPLOI

✦ À glisser dans l'argumentaire de la présentation d'un projet qui soulève des objections.
✦ À répondre à une personne qui ne propose jamais rien, mais s'arrange pour critiquer régulièrement les initiatives et trouve toujours que c'est trop cher payé.

AUTREMENT DIT

Qui ne risque rien n'a rien. ~ Les poltrons fuient le danger, le danger fuit les braves (Adolphe d'Houdetot, *Types militaires français,* 1844).

Qui sait souffrir peut tout oser.

Celui qui n'a pas peur de s'exposer, de prendre des risques, des coups, d'essuyer des revers (arrêtons-là !), celui-là, alors, n'a peur de rien, est prêt à tout, même au pire. Voilà une maxime toute empreinte du stoïcisme de Vauvenargues (*Réflexions et Maximes*, 1746) pour les durs à cuire !

MODE D'EMPLOI

✦ Pour manifester son mécontentement à une personne qui a « l'art » de trouver l'inconvénient qui l'empêchera de prendre la moindre initiative : « il fait trop chaud, trop froid ; pas aujourd'hui, pas demain, mais hier oui c'était possible ; jamais le soir, jamais en semaine ; c'est trop tôt, c'est trop tard ; pas avec lui, pas avec elle ; vous croyez, je suis pas sûr (e) ; etc.. ». Pour calmer momentanément son agacement.
✦ À utiliser comme version masochiste du proverbe « L'avenir appartient à ceux qui se lèvent tôt ».

AUTREMENT DIT

Vent au visage rend l'homme sage (Gabriel Meurier, *Trésor des sentences*, 1568). ~ La fortune sourit aux audacieux. ~ Qui ne risque rien n'a rien.

Critique

Il est plus aisé d'être sage pour les autres que pour soi-même.

Cette maxime de La Rochefoucauld (*Réflexions ou Sentences et Maximes morales*, 1665) pointe notre faculté à avoir beaucoup de discernement pour les actions des autres, à repérer ce qui ne va pas, à fournir les conseils judicieux, alors que, pour soi-même, on est nettement moins clairvoyant.

MODE D'EMPLOI

Pour arrêter net les conseils du bon ami qui reproche gentiment un excès de boisson de la veille mais oublie qu'il a une suspension de permis de conduire suite à sa conduite en état d'ivresse au volant.

AUTREMENT DIT

À force de sagesse, on peut être blâmable (Molière, *Le Misanthrope*, 1666). ~ Écoute les conseils de tous et prend celui qui te convient.

Il n'y a que le méchant qui soit seul.

Formule assassine que l'on doit à Diderot (*Le Père de famille*, 1758). L'histoire littéraire nous dit que Jean-Jacques Rousseau (rêveur et promeneur solitaire !) se sentit visé par ce mot et le prit fort mal. Ce qui est sûr, c'est que l'homme est un « animal social », dès lors le solitaire peut faire l'objet de méfiance ; mais à l'inverse, on n'a pas à chercher bien loin pour trouver des personnes nocives qui œuvrent en société.

MODE D'EMPLOI

✦ À utiliser exceptionnellement, par jour de grande colère.
✦ Lors d'un repas, pour stopper le discours d'un convive aux yeux de qui personne ne trouve grâce.
✦ Dernier argument à employer pour convaincre un membre de la famille qui refuse obstinément de venir à l'anniversaire de Tatie Danielle. Chaque famille a une « Tatie Danielle » qu'on ne souhaite pas voir. Cherchez bien… Voilà, vous avez trouvé… Alors pensez à Diderot !
✦ Proverbe pour ne pas se faire des amis.

AUTREMENT DIT

Jamais teigneux n'aima le peigne. ~ Être amoureux comme un chardon. ~ L'homme seul est dieu ou démon.

La comédie corrige les mœurs en riant.

Attribué au poète Jean de Santeul (1630-1697), cette sentence inspirée de l'expression latine « *castigat ridendo mores* » (il corrige les mœurs en riant) traduit l'ambition du comique et de la comédie classique d'offrir à la fois du divertissement et une portée morale. Molière a repris à son compte cette orientation qu'il rappelle à plusieurs reprises, notamment dans la préface du *Tartuffe* (1664) adressée au roi :
« Le devoir de la comédie étant de corriger les hommes en les divertissant, j'ai cru que, dans l'emploi où je me trouve, je n'avais rien de mieux à faire que d'attaquer par des peintures ridicules les vices de mon siècle ; et comme l'hypocrisie, sans doute, en est un des plus en usage, des plus incommodes et des plus dangereux, j'avais eu, Sire,

la pensée que je ne rendrais pas un petit service à tous les honnêtes gens de votre royaume, si je faisais une comédie qui décriât les hypocrites, et mit en vue, comme il faut, toutes les grimaces étudiées de ces gens de bien à outrance, toutes les friponneries couvertes de ces faux-monnayeurs en dévotion, qui veulent attraper les hommes avec un zèle contrefait et une charité sophistiquée. »

MODE D'EMPLOI

À rappeler aux « pisse-froid » qui considèrent le comique comme un sous-genre manquant de hauteur de vue et ne méritant aucune attention. Si c'est un jour de mauvaise humeur, pour se détendre, on ajoutera à la formule et en guise de conclusion : « Mais vous avez sans doute raison, et comme le disait Pierre Desproges : "on peut rire de tout, mais pas avec n'importe qui" ». Et toc, et « re-toc » !

AUTREMENT DIT

Qui rit guérit. ~ Mieux vaut rire que pleurer. ~ Rira bien qui rira le dernier.

La critique est aisée, et l'art est difficile.

Porter un jugement sur le travail des autres engage moins que de faire le travail proprement dit ; c'est le sens de cette réplique devenue proverbiale d'un personnage de la comédie *Le Glorieux*, II, 5 (1732) de Destouches. Voici l'échange où apparaît ce constat :

« LISETTE
Mais on dit qu'aux Auteurs la critique est utile.
PHILINTHE
La critique est aisée, et l'art est difficile
C'est là ce qui produit ce peuple de censeurs,
Et ce qui rétrécit les talents des auteurs. »

MODE D'EMPLOI

Pour répondre aux sourdes attaques sur la qualité de votre travail qui commencent par : « Ah, c'est bien, mais moi je n'aurai pas fait comme ça… ».

AUTREMENT DIT

C'est un terrible avantage de n'avoir rien fait, mais il ne faut pas en abuser (Rivarol, *Notes, Pensées et Maximes*, recueil posthume). ~ C'est au pied du mur qu'on voit le maçon.

Sur les défauts d'autrui, l'homme a des yeux perçants.

C'est le constat que fait le dramaturge et comédien Destouches dans sa dernière pièce, *L'Homme singulier* (1764). Nous sommes ainsi faits que nous voyons mieux ce qui ne va pas chez l'autre que chez nous-mêmes.

MODE D'EMPLOI

✦ Pour répondre à une critique déplaisante et injustifiée.
✦ Pour se moquer gentiment d'un donneur de leçons (oui, cela existe !).

AUTREMENT DIT

Lynx envers nos pareils, taupes envers nous (La Fontaine, *Fables*, 1668). ~ On voit la paille dans l'œil du voisin, mais pas la poutre dans le sien.

Quand on parle du loup, on en voit la queue.

Aujourd'hui, on en parle surtout dans la polémique suscitée par sa réintroduction dans certaines régions, mais déjà dans plusieurs proverbes latins, le « loup » était l'intrus. Ici, le dicton signale l'arrivée d'une personne dont on est en train de parler. La plupart du temps, la deuxième partie de l'expression « on en voit la queue » n'est pas prononcée. C'est aussi une manière rapide de faire cesser une conversation médisante avant que la personne n'entende les propos tenus.

MODE D'EMPLOI

À employer comme signal d'alarme dans une conversation où l'on fait un portrait peu flatteur d'une connaissance ; si celle-ci survient dans le dos de celui qui « fait le costume pour l'hiver », l'interlocuteur qui voit l'arrivée du martyr (qui l'ignore !) se doit de lancer la formule, sauf évidemment s'il aime les situations gênantes et conflictuelles.

AUTREMENT DIT

Tôt le loup sait ce que mauvaise bête pense (*Incipiut versus proverbiales*, XIVe siècle). ~ Souviens-toi de te méfier (Épicharme, *Sentences*, VIe siècle av. J.-C.).

CUPIDITÉ

À vouloir trop gagner l'on perd.

Ne pas faire les difficiles devant ce qui se présente, car on ne sait pas toujours de quoi demain sera fait ; c'est là le sens de ce proverbe que La Fontaine a illustré dans sa fable *Le Héron* (1678) : l'oiseau, dédaignant tous les poissons à sa portée, se rabat finalement sur un limaçon :

« La faim le prit ; il fut tout heureux et tout aise
De rencontrer un Limaçon.
Ne soyons pas si difficiles :
Les plus accommodants, ce sont les plus habiles :
On hasarde de perdre en voulant trop gagner.
Gardez-vous de rien dédaigner. »

MODE D'EMPLOI

✦ Pour aider quelqu'un à sortir du casino où il « flambe ».

✦ Pour calmer un éternel insatisfait qui trouve que l'herbe est plus verte dans le pré du voisin.

AUTREMENT DIT

Le sage guérit de l'ambition par l'ambition même (La Bruyère, *Les Caractères*, 1688). ~ La roche Tarpéienne est près du Capitole (Mirabeau, *Discours à l'Assemblée constituante*, 2 mai 1790).

L'appétit vient en mangeant, la soif s'en va en buvant.

La plupart des formules proverbiales de Rabelais (celle-ci est tirée de *Gargantua*, 1534) ont une double entrée ; c'est le cas ici, où l'on peut comprendre d'une part qu'il suffit de commencer une chose pour y trouver une satisfaction et, d'autre part, que plus on possède et plus on a envie de posséder davantage. Attention à la boulimie !

MODE D'EMPLOI

✦ Pour tenter (nous disons bien « pour tenter ») de convaincre des enfants que les épinards, c'est très bon et qu'il ne faut pas se laisser rebuter par l'aspect extérieur.
✦ Pour ceux qui, le matin, une fois levés, passent directement dans leur garage pour contempler leurs trois 4X4, leurs deux voitures de sport, et leur dernière acquisition, une superbe limousine Cadillac, importée à prix d'or depuis un concessionnaire de San Diego (en Californie) ; tout en ayant un regard aussi pour le poster au mur de leur yacht, ancré dans une baie des Grenadines (aux Antilles). Maintenant, c'est l'heure du café…

AUTREMENT DIT

Qui a plus, à plus convoite. ~ Celui qui a tout, convoite tout. ~ Quand un homme est riche, il vaut toujours son prix (Boileau, *Satires*, 1665).

Il ne faut pas tuer la poule aux œufs d'or.

Notre planète souffre de nos activités et du cynisme de certains qui raisonnent et agissent dans le court terme de leurs intérêts immédiats. Cet adage se moque de l'avarice (un vilain défaut !), mais il est aussi particulièrement d'actualité puisqu'il nous rappelle qu'il ne faut pas sacrifier l'avenir à des profits immédiats. À la suite du fabuliste Ésope, La Fontaine redonne cette leçon dans sa fable *La Poule aux œufs d'or* (1668) :

« L'Avarice perd tout en voulant tout gagner.
Je ne veux pour le témoigner
Que celui dont la Poule, à ce que dit la fable,
Pondait tous les jours un œuf d'or.
Il crut que dans son corps elle avait un trésor.
Il la tua, l'ouvrit, et la trouva semblable
À celles dont les œufs ne lui rapportaient rien,
S'étant lui-même ôté le plus beau de son bien.
Belle leçon pour les gens chiches :
Pendant ces derniers temps, combien en a-t-on vus
Qui du soir au matin sont pauvres devenus
Pour vouloir trop tôt être riches ? »

MODE D'EMPLOI

✦ À faire apprendre par cœur (avec la fable !) aux spéculateurs et pollueurs en tous genres.

✦ Concerne également les « technocrates » de Bercy et leur fâcheuse propension à taxer toujours un peu plus les classes moyennes. Programme ambitieux mais urgent. Prévoir un contrôle (non fiscal celui-là) pour vérifier que les personnes concernées ont bien appris la fable et surtout comprennent ce qu'elles récitent.

AUTREMENT DIT

Chacun cherche son profit. ~ Il n'y a pas de petites économies. ~ Chacun se plaint que son grenier n'est pas plein.

Qui plus a, plus convoite.

Ce proverbe médiéval anticipait sur notre société de « sur-consommation » en pointant ce penchant bien connu de la nature humaine, son insatiabilité : plus on a de biens matériels et plus on désire en avoir.

MODE D'EMPLOI

✦ Pour calmer les ardeurs du petit nouveau dont les dents rayent le stratifié de votre bureau.

✦ À dire d'une voix décontractée à une personne qui se plaint de payer l'impôt sur la fortune.

AUTREMENT DIT

Chacun se plaint que son grenier n'est pas plein. ~ Trop n'est pas assez.

DANGERS

La peur n'évite pas le danger.

Mais le courage non plus, rétorqueront les esprits contradictoires. Certes… Mais la leçon de ce proverbe suggère surtout de garder son sang-froid pour faire face de manière efficace. La Fontaine a illustré ce proverbe dans sa fable *Le Renard et les Poulets d'Inde* (1694) où un renard captive et capture par ses tours des dindons réfugiés dans un arbre où ils se croyaient pourtant en sécurité. Et la morale de tomber à la fin de la fable avec les pauvres dindons :

« Le trop d'attention qu'on a pour le danger
Fait le plus souvent qu'on y tombe. »

MODE D'EMPLOI

Pour encourager l'indécis ou le timoré. Malgré tout prendre des précautions, car le mot « peur » peut être mal pris (« moi, peureux ? ») et le mot « danger » provoquer une panique (« Ah ! Alors il y a vraiment du danger ! Au secours ! »).

AUTREMENT DIT

Qui a peur des feuilles n'aille au bois. ~ Il ressemble à l'anguille, il crie avant qu'on l'écorche.

On crie toujours le loup plus grand qu'il n'est.

Dans l'imaginaire collectif, certains animaux ont un rôle immuable (et peu enviable) : ainsi, dès qu'il s'agit de représenter le danger, le risque, le loup est convoqué pour assurer le rôle du grand méchant. Le voici encore en représentation dans ce proverbe tiré de *Proverbes communs* (1498) de Jean de la Véprie ; la formule pointe la tendance à amplifier, voire exagérer, le danger. Ouf ! Loup y es-tu ?

MODE D'EMPLOI

Pour tenter de réduire l'appréhension avant une épreuve (examen, concours, compétition sportive). La métaphore du loup remplace avantageusement le mot « danger », car le loup bénéficie aujourd'hui d'un revirement positif de son image sans doute en raison de sa raréfaction et des documentaires animaliers qui lui sont consacrés ! Bien sûr, ne pas employer dans une discussion avec des bergers.

AUTREMENT DIT

Quand on cède à la peur du mal, on ressent déjà le mal de la peur (Beaumarchais, *Le Barbier de Séville*, 1775). ~ Chien couard voir le loup ne veut.

Plus le péril est grand, plus doux en est le fruit.

Formule masochiste ? Non, plutôt version extrémiste qui pousse certains à prendre tous les risques pour obtenir ce qu'ils désirent ; c'est ce que fait Émilie, la jeune héroïne de *Cinna* (1641), tragédie de Corneille. Pour venger son père qui a été exécuté par l'empereur Auguste, elle exige de son amoureux

Cinna qu'il assassine Auguste ; elle s'interroge avec sa suivante Fulvie sur ce « contrat » tragiquement cornélien :

« Émilie et Fulvie
Ah ! tu sais me frapper par où je suis sensible.
Quand je songe aux dangers que je lui fais courir,
La crainte de sa mort me fait déjà mourir ;
Mon esprit en désordre à soi-même s'oppose :
Je veux et ne veux pas, je m'emporte et je n'ose ;
Et mon devoir confus, languissant, étonné,
Cède aux rébellions de mon cœur mutiné.
Tout beau, ma passion, deviens un peu moins forte ;
Tu vois bien des hasards, ils sont grands, mais qu'importe :
Cinna n'est pas perdu pour être hasardé.
De quelques légions qu'Auguste soit gardé,
Quelque soin qu'il se donne et quelque ordre qu'il tienne,
Qui méprise sa vie est maître de la sienne.
Plus le péril est grand, plus doux en est le fruit ;
La vertu nous y jette, et la gloire le suit.
Quoi qu'il en soit, qu'Auguste ou que Cinna périsse,
Aux mânes paternels je dois ce sacrifice ;
Cinna me l'a promis en recevant ma foi ;
Et ce coup seul aussi le rend digne de moi. »
(Acte I, scène 2)

MODE D'EMPLOI

✦ Y songer au moment décisif dans une partie (jeu de cartes, casino, etc.).

✦ Ce à quoi peuvent réfléchir certains(es) le samedi après-midi dans la salle des mariages d'une mairie.

✦ Se le dire avant que le chirurgien esthétique (de réputation mondiale) n'ôte le bandage après l'opération.

✦ Se le dire deux fois (ou plus) avant que le chirurgien esthétique (de réputation locale) n'ôte le bandage après l'opération.

AUTREMENT DIT

Plus le péril fut grand, plus grand est le vainqueur (Casimir Delavigne, *La Princesse Aurélie*, 1828). ~ Qui sait souffrir peut tout oser.

Tant va la cruche à l'eau qu'à la fin elle se brise.

C'est le danger dont nous prévient le moine bénédictin Gautier de Coincy dans *Les Miracles de Notre-Dame* (première moitié du XIIIe siècle) ; manière de dire, qu'à force de s'exposer à un danger, on risque un jour d'en être victime, ou bien qu'à commettre toujours les mêmes erreurs, un jour cela finira mal. Évidemment la métaphore est moins évidente aujourd'hui avec l'eau courante au robinet !

MODE D'EMPLOI

✦ À dire à une personne qui s'entête à conduire sans mettre sa ceinture de sécurité.

✦ À dire à un fumeur invétéré qui pense que le cancer du poumon ne le concerne pas.

AUTREMENT DIT

Ne pas tenter le diable. ~ Le trop d'attention qu'on a pour le danger. Fait le plus souvent qu'on y tombe (La Fontaine, *Le Renard et les Poulets d'Inde*, 1685).

Ego

Chacun prêche pour sa paroisse.

Même si l'homme sait faire preuve de sollicitude envers son prochain, sa propension naturelle le conduit à satisfaire d'abord ses propres intérêts. Ce proverbe concerne donc tout le monde ; le vocabulaire est religieux et la trace de la forme ancienne « chaque prêtre loue ses reliques », cité dans un manuscrit du XIVe siècle : le *Proverbia et versus proverbiorum*.

MODE D'EMPLOI

Dans une négociation pour essayer (mais seulement essayer) de montrer aux participants qu'ils ne font aucun effort et restent campés sur leurs positions, et qu'à ce train, ils risquent précisément de rater le leur. Alors un effort ! Nom de D… !

AUTREMENT DIT

Chacun voit midi à sa porte. ~ Chacun tire l'eau à son moulin. ~ Qui m'aime me suive.

Après moi, le déluge.

Cette formule est attribuée à Mme de Pompadour, maîtresse de Louis XV ; elle l'aurait prononcée devant le roi qui s'inquiétait de la situation militaire après la défaite de la coalition franco-autrichienne à Rossbach en Allemagne face aux troupes du roi Frédéric II de Prusse. Derrière cette désinvolture, il y avait surtout une allusion aux prédictions alarmistes des astronomes qui annonçaient l'imminence de la fin du monde liée à la chute d'une comète observée en 1680. Manière toute particulière de relativiser !

MODE D'EMPLOI

✦ À prononcer à l'annonce du prochain calendrier maya.
✦ Pour interroger les pollueurs de la planète, en envisageant que c'est cela qu'ils pensent.

AUTREMENT DIT

Charité bien ordonnée commence par soi-même. ~ Ma pomme, ma pomme, c'est moi (chanté par Maurice Chevalier).

C'est n'être bon à rien que n'être bon qu'à soi.

Voilà c'est dit ! Cette maxime de Voltaire (*Discours sur l'homme*, 1738) stigmatise l'égoïsme et appelle à la solidarité. Et ce n'est pas une pirouette rhétorique lorsque l'on sait à quel point cet auteur s'engagea toute sa vie à défendre des causes (l'affaire Calas, l'affaire du chevalier de La Barre, l'affaire Sirven, etc.).

MODE D'EMPLOI

✦ À dire à ceux qui trouvent toujours un prétexte pour ne pas participer à une action collective.
✦ À faire imprimer sur les tee-shirts des bénévoles de l'association caritative dont vous êtes responsable.
✦ C'est dimanche. Le réveil sonne, il est 6 h 00. Il faut se lever pour aller aider un ami dans son déménagement. Se le dire en prenant

son café, seul dans la cuisine pendant que le reste de la famille dort tranquillement.

AUTREMENT DIT

Je ne veux point me charger de votre peau. ~ Être pétri d'eau froide.

Il ne faut pas se moucher plus haut que son nez.

L'image est explicite et prévient que l'ambition et la prétention ne doivent pas aveugler au point d'oublier qui on est réellement et quelle place on occupe dans la société. Utile de s'en souvenir dans une société du paraître. Montaigne le rappelle aussi dans les *Essais* (1580) de manière encore plus directe : « Et sur le plus haut trône du monde, nous ne sommes assis que sur notre cul ». Voilà, c'est dit !

MODE D'EMPLOI

✦ À lancer à un paltoquet qui joue les rois du monde. Ne pas trop se fatiguer malgré tout, car la tâche est immense…
✦ Pour clore une discussion houleuse avec son « ado » qui prétend qu'il en sait assez et que, de toute façon, il veut devenir berger dans les Causses, car c'est un métier d'avenir.

AUTREMENT DIT

Le roi n'est pas son cousin. ~ Ne pas péter plus haut que son cul.

Le moi est haïssable.

Cette sentence de Pascal (*Pensées*, 1670) concerne le moi au sens de l'amour-propre, qui peut être mal placé et conduire

à des comportements peu respectueux des autres. Mais laissons Pascal finir l'explication :
« En un mot le moi a deux qualités ; il est injuste en soi, en ce qu'il se fait le centre de tout ; il est incommode aux autres, en ce qu'il le veut asservir ; car chaque moi est l'ennemi, et voudrait être le tyran de tous les autres. Vous en ôtez l'incommodité, mais non pas l'injustice ; et ainsi vous ne le rendez pas aimable à ceux qui en haïssent l'injustice : vous ne le rendez aimable qu'aux injustes, qui n'y trouvent plus leur ennemi ; et ainsi vous demeurez injuste, et ne pouvez plaire qu'aux injustes. »

MODE D'EMPLOI

✦ À dire à un collègue peu scrupuleux qui cherche à vous dévaloriser.
✦ À rappeler à un malotru qui ignore la file d'attente et passe devant tout le monde comme si de rien n'était.

AUTREMENT DIT

Le roi n'est pas son cousin. ~ La chétive pécore s'enfla si bien qu'elle creva (La Fontaine, *La Grenouille qui veut se faire aussi grosse que le Bœuf*, 1668).

EXCEPTIONS

Il ne faut jamais dire : « Fontaine, je ne boirai pas de ton eau. »

Les temps changent et, avec eux, les certitudes ; ce qui est sûr un jour peut l'être moins le lendemain. Dès lors, il semble plus prudent de ne jamais dire « jamais ». C'est le sens de ce proverbe dont l'origine serait un fabliau de Moyen Âge racontant l'histoire d'un ivrogne, détestant l'eau, et qui meurt un jour d'ivresse en tombant dans une fontaine.

MODE D'EMPLOI

✦ S'en rappeler le jour du premier de l'An au moment où l'on prend de bonnes résolutions commençant par « Alors moi, cette année je ne… ».

✦ Le dire avec un air entendu à un être pétri de certitudes qui dit : « Ça ? Moi jamais ! »

AUTREMENT DIT

N'assure rien avec serment, pas même la vérité (Ménandre, *Fragments*, IVe siècle av. J.-C.). ~ *Il ne faut jurer de rien* (Alfred de Musset, comédie, 1836).

Il ne faut jurer de rien.

Titre d'une comédie (1836) d'Alfred de Musset, c'est aussi le constat que fait Valentin, un jeune homme trop sûr de lui, à la fin de la pièce, après avoir perdu son pari de séduire froidement une jeune fille dont il est finalement tombé amoureux. Preuve que la relativité est partout et qu'il n'y a pas que la Terre qui tourne !

MODE D'EMPLOI

✦ À prononcer inlassablement aux « pères-la-vertu » qui affichent leur certitude en commençant leurs phrases par : « Ah, ça, moi jamais je ne me serais permis de… »

✦ En constatant avec un brin d'étonnement que votre belle-mère, finalement, n'est pas si mal… Évidemment, la variante avec le beau-père est possible.

AUTREMENT DIT

Fontaine, je ne boirai pas de ton eau. ~ Demain, il fera jour.

L'exception confirme la règle.

Pour des générations entières, ce précepte est un véritable synonyme de casse-tête et une évocation des souvenirs de cours d'orthographe, car il ouvrait la longue liste des exceptions à apprendre par cœur sans se poser de questions ! C'est une traduction de la formule latine « *Exceptio probat regulam* » avertissant d'un phénomène qui sort de l'habituel, de la norme, ainsi attesté.

MODE D'EMPLOI

✦ Pour un gentil provocateur : y penser en marchant sur une pelouse interdite.

✦ Pour un habitué des transports aériens : y penser quand l'avion décolle à l'heure.

✦ À propos d'un homme politique : y penser quand il tient ses promesses. C'est donc une pensée qui n'encombrera pas souvent votre esprit.

AUTREMENT DIT

Il faut quand on agit, se conformer aux règles, et quand on juge, avoir égard aux exceptions (Joseph Joubert, *Pensées, Maximes et Essais*, 1850). ~ Un seul exemple, pour l'exception.

Une fois n'est pas coutume.

C'est Antoine Loisel, avocat puis procureur du Roi, qui fait ce constat dans un ouvrage (*Institutes coutumières*, 1607) où il recueille à sa manière les principes du droit français. Ainsi, ce qui arrive une fois doit être considéré comme exceptionnel ; la maxime peut aussi suggérer de la compréhension face à une erreur commise.

MODE D'EMPLOI

Pour annoncer à votre conjoint que vous avez embouti l'avant de la voiture et que ce n'est pas trop grave, car vous avez pu redémarrer, ce qui n'était pas le cas la dernière fois (l'auteur décline toute responsabilité sur l'effet produit).

AUTREMENT DIT

On ne peut pas tout prévoir. ~ Le plaisir est plus grand qui vient sans qu'on y pense (Théophile de Viau, *Pyrame et Thisbé*, 1617).

Expériences

Chat échaudé craint l'eau froide.

Ce proverbe du Moyen Âge signalait d'abord qu'une mauvaise expérience pouvait traumatiser et rendre excessivement craintif à tout propos ; aujourd'hui, on l'emploie surtout pour indiquer que l'on a retenu la leçon d'une mésaventure et que l'on est devenu plus prudent dans l'action.

MODE D'EMPLOI

✦ Pour décliner une invitation au Memphis Bar.

✦ Pour justifier un délai de réflexion avant de prendre une décision. Par exemple, avant de répondre à une invitation à dîner chez des collègues, soudain très intéressés par votre passion pour les orchidées. Tout cela vous paraît suspect, car c'est un mercredi soir et vous avez vu le film *Le dîner de cons*…

AUTREMENT DIT

Il ne faut pas parler latin devant les cordeliers. ~ Un renard n'est pas pris deux fois à un piège.

Il y a loin de la coupe aux lèvres.

La métaphore liée à ce proverbe, qui suggère qu'entre un projet et sa réalisation il peut s'écouler un certain temps ou que des difficultés peuvent survenir, trouve sans doute son origine dans la pratique de l'Antiquité où l'on mangeait à moitié couché en buvant dans des coupes peu profondes (quelle idée !) ; le risque de renverser le liquide était réel.

MODE D'EMPLOI

✦ Pour calmer les ardeurs de l'équipe qui vient de passer le premier tour des éliminatoires.

✦ Pour tempérer sa joie avant la signature d'un gros contrat. Surtout s'il s'agit de la vente d'avions à une compagnie chinoise…

AUTREMENT DIT

Aux grands pêcheurs échappent les anguilles (manuscrit du xve siècle). ~ Nul bien sans peine.

L'homme arrive novice à chaque âge de la vie.

Un vieux sage qui devait être chinois (les vieux sages sont souvent chinois) a dit que l'expérience était une lanterne qui éclairait dans le dos. Ici, la maxime de Chamfort (*Maximes et pensées, Caractères et Anecdotes*, 1795) ne dit pas autre chose et souligne que la vie est une suite de découvertes, de surprises, avec lesquelles il faut composer. Finalement, tout ce qui fait le sel de la vie !

MODE D'EMPLOI

✦ Pour se donner du courage le premier jour de son premier emploi.

✦ Pour faire preuve de compréhension devant les maladresses du petit nouveau qui débarque dans le service.

AUTREMENT DIT

L'art de vivre est une tactique où nous serons longtemps novices (Chevalier de Boufflers, *Pensées et Fragments*, 1816). ~ Le plus grand art est celui de vivre.

On prend plus de mouches avec du miel qu'avec du vinaigre.

Dans un monde de brutes voilà une invitation à la douceur attribuée à saint François de Sales (1567-1622). Derrière la métaphore, ce qui est démontré c'est que l'on peut obtenir bien plus par la douceur et la non-violence que par la rudesse et l'agressivité. Le refus de l'excès est encore plus explicite dans la formulation originale : « souvenez-vous que l'on prend plus de mouches avec une cuillerée de miel qu'avec cent barils de vinaigre. » Question de qualité et non de quantité !

MODE D'EMPLOI

✦ Pour un dompteur débutant qui entre dans la cage.
✦ Pour expliquer les propriétés des logarithmes à une classe de seconde un vendredi après-midi au mois de juin.

AUTREMENT DIT

On n'attrape pas de mouches avec du vinaigre. ~ Il serait bon à vendre vache foireuse. ~ On n'attrape pas de lièvre avec un tambour.

FAMILLE

Boire et manger, coucher ensemble - C'est mariage ce me semble.

C'est Antoine Loisel, homme de loi, qui s'exprime ainsi dans son ouvrage *Institutes coutumières* (1607) où il recueille sous forme de maximes, les bases du droit français en s'appuyant sur l'observation des coutumes. Voilà donc résumés, en trois verbes, le mariage et ses perspectives ? Non, car il ajoute, malicieux, une autre phrase que la formule oublie souvent et que voici : « Mais il faut que l'Église y passe. »

MODE D'EMPLOI

✦ À utiliser dans un débat autour du mariage pour tous. Pour mettre de l'ambiance.
✦ Pour repousser (gentiment) un entourage pressant qui voudrait bien d'un mariage dans l'année.

AUTREMENT DIT

Les mariages se font au ciel et se consomment sur la terre (Antoine Loisel, *Institutes coutumières*, 1607). Vous étiez prévenus ! ~ Ne mets à ton doigt anneau trop étroit.

Il faut laver son linge sale en famille.

Il faut croire comme Paul Volfoni, le petit truand affecté au beurrage de toasts dans la cuisine des *Tontons flingueurs* (Georges Lautner, 1963), que « les tâches ménagères ne sont pas sans noblesse », car cet adage le plus souvent attribué à Casanova (1725-1798) dans ses *Mémoires* écrits en français, se retrouve aussi chez Voltaire et Napoléon 1er. Il souligne la volonté de régler les conflits personnels sans témoins extérieurs.

MODE D'EMPLOI

✦ Pour couper court à une personne qui cherche à vous prendre à témoin dans une affaire qui ne vous regarde pas.
✦ En présentant la corbeille à linge à l'adolescent, en lui demandant d'y mettre tout son linge sale traînant sur le sol de sa chambre.

AUTREMENT DIT

Vilain oiseau celui qui salit son nid (Conon de Béthune, *Chansons*, XIIe siècle). ~ Courroux de frère, courroux de diables d'enfer.

On n'est jamais trahi que par les siens.

Constat doublement amer qui nous vient du Moyen Âge (du *Bonum spatium*, un manuscrit du XIVe siècle) : comme il ne faut pas accorder sa confiance en dehors du cercle familial, c'est donc au sein de celui-ci que nous serons trompés. Vision sombre des relations humaines et de la famille !

MODE D'EMPLOI

✦ Pour mettre de l'ambiance dans une réunion de famille. Effet garanti. Si les réactions sont un peu vives (c'est à envisager), dire que vous citez le *Bonum spatium* !
✦ En découvrant avec stupeur la facture du téléphone portable de votre « grande adolescente ».

AUTREMENT DIT

On est aisément dupé par ce qu'on aime (Molière, *Le Tartuffe*, 1669). ~ Avec le renard, on renarde (Jean-Antoine de Baïf, *Mimes, Enseignement et Proverbes*, 1576).

Qui épouse la femme épouse les dettes.

Autrefois, dans le droit français, le mari était tenu d'acquitter les dettes contractées par sa femme avant le mariage ; cette formule juridique a pris un tour allusif et misogyne pour suggérer la prudence à un homme qui souhaite se marier.

MODE D'EMPLOI

Pour alimenter l'interrogation d'un homme qui se demande s'il fait bien de se marier. Peut éventuellement servir de baromètre pour mesurer l'intensité du sentiment.

AUTREMENT DIT

Qui mal se marie tôt se marrie. ~ Celui qui se marie se bride. ~ En mariage, comme ailleurs, contentement passe richesse (Molière, *Le Médecin malgré lui,* 1666).

Faux-semblant

Au royaume des aveugles, les borgnes sont rois.

Cette expression d'origine latine est attestée au XVIe siècle sous la forme « *Borgne est roy chez les aveugles* ». Devenue proverbe, la métaphore est explicite : une personne médiocre donne l'illusion d'être brillante si son entourage est encore plus médiocre qu'elle. Question de point de vue donc !

MODE D'EMPLOI

Pour rabattre le caquet d'un prétentieux. Mais l'affaire n'est pas gagnée, s'il répond : « Je ne vois pas ce que vous voulez dire. » Si l'on est d'humeur combative et sportive, on peut rétorquer : « Et vous n'entendez rien non plus ! ». Jeu, set et match !

AUTREMENT DIT

Le médiocre est l'excellent pour les médiocres (Joseph Joubert, *Pensées, Maximes et Essais*, 1754-1824). ~ La truie prétend enseigner Athéna (Plutarque, *Vies parallèles*, Ier siècle).

La caque sent toujours le hareng.

Tout le monde connaît le hareng, ce poisson qui se consomme souvent fumé et qui a une odeur forte ; quand à la « caque », c'est un terme ancien désignant le tonneau dans lequel on entreposait le poisson. La métaphore de ce proverbe médiéval suggère qu'il est vain de vouloir cacher ses véritables origines ou sa vraie psychologie, car elles finissent toujours par se révéler à travers le comportement.

MODE D'EMPLOI

À dire négligemment à un parvenu qui agite frénétiquement sa Rolex sous votre nez. Ajoutez sur le même ton détaché : « Tiens à mon montre à 15 euros, il est 18 h 27 ; et vous, quelle heure avez-vous ? » *A priori*, il vous indiquera : « Moi aussi, j'ai 18 h 27. » Et vous de conclure : « Mais alors, nous avons la même heure ! » Attention, ce dialogue comporte quelques risques.

AUTREMENT DIT

On tient toujours du lieu d'où on vient (La Fontaine, *la Souris métamorphosée en fille*, 1678).

Qui se sent morveux se mouche.

Ce proverbe d'usage courant est prononcé par le personnage de La Flèche dans *L'Avare* (1668) de Molière. Celui qui reçoit un tel conseil ne reçoit pas un compliment : il y a la possibilité de se « prendre le nez ».

MODE D'EMPLOI

Une faute a été commise, mais le responsable fait semblant d'ignorer son implication. Pour montrer que vous n'êtes pas dupe, utilisez cette allusion moliéresque. S'il réagit mal, vous pourrez toujours dire que vous citiez un grand auteur dramatique.

AUTREMENT DIT

Les morveux veulent toujours moucher les autres. ~ Il ne faut pas péter plus haut qu'on a le cul.

Toujours par quelque endroit fourbes se laissent prendre.

Leçon optimiste de La Fontaine, tirée de sa fable *Le Loup devenu berger* (1668) : le loup se déguise en berger pour approcher le troupeau de brebis qu'il convoite ; mais il est trahi par sa voix et péri empêtré dans son déguisement.

MODE D'EMPLOI

Pour signifier à un malhonnête que l'on n'est pas dupe de ses manœuvres. À prononcer d'une voix calme, sans trace de colère ; l'effet n'en sera que plus saisissant sur la personne visée. Attention cependant s'il y a plusieurs personnes dans la pièce, car il y a alors risque de dommages collatéraux.

AUTREMENT DIT

Ce qu'il faut apprendre à connaître, c'est le fond du panier (Antoine-Pierre Dutramblay, *Apologues*, 1810). ~ Le renard cache sa queue.

Un menteur est toujours prodigue de serments.

Pas toujours facile de distinguer le vrai du faux, d'autant que le mensonge prend mille formes comme le rappelle cet alexandrin proverbial tiré de la comédie de Corneille, *Le Menteur* (1643) dans laquelle le menteur s'attire ce proverbe en s'exclamant :

« Que le foudre à vos yeux m'écrase si je mens ! »

MODE D'EMPLOI

En cas de doute sur la sincérité de propos tenus. Le risque, c'est qu'il faille s'en servir souvent ! Pour éviter cela, ne pas demander à un vendeur de voitures si le modèle qu'il essaye de vous vendre est le meilleur ; ne pas demander à un poissonnier si son poisson est frais. Donc, ne pas « tenter le diable ».

AUTREMENT DIT

Qui dit un mensonge en dit cent. ~ À menteur, menteur et demi. ~ Il serait bon à vendre une vache foireuse.

FILIATION

À père avare, fils prodigue.

On cherche souvent les ressemblances entre les parents et leurs enfants, c'est rassurant et tout le monde est content avec l'idée que la suite est perpétuée ; sauf, que ce proverbe vient nous rappeler que les qualités et les défauts des uns ne sont pas nécessairement transmis tels quels aux autres et que le conflit de générations, cela existe !

MODE D'EMPLOI

Au petit jeu du « Il ressemble à qui ? » : à opposer à une personne qui voudrait placer dans son argumentaire le proverbe « Tel père, tel fils » (et *vice versa* !). Cela peut mettre de l'ambiance dans la réunion familiale…

AUTREMENT DIT

Telle terre, telle cruche. ~ Tout ouvrier aime mieux son ouvrage qu'il n'en est aimé (Montaigne, *Essais*, 1580).

Bon sang ne peut mentir.

Si on sait que les chats ne font pas des chiens, on pourrait aussi en déduire, avec ce proverbe rapporté par le juriste Noël du

Fail dans ses *Propos rustiques de maistre Léon Ladulfi, Champenois* (1547), que l'hérédité joue un rôle important dans notre comportement. L'histoire de l'humanité montre qu'il n'y a rien de moins sûr !

MODE D'EMPLOI

Vous n'avez rien oublié : la petite grenouillère pour le bébé, les fleurs et le compliment pour la maman, l'adresse de la maternité. Vous y êtes : « Comme il est beau, il est vraiment magnifique, tout le portrait de sa mère (de son père) ». C'est le moment de placer ce proverbe à la formulation un peu vieillotte, mais qui, du coup, fera son petit effet dans l'assistance.

AUTREMENT DIT

Bon chien de race (*Adages françois*, 1557). ~ De noble plante noble fruit.

Les chiens ne se mangent pas entre eux.

Dans le zoo des proverbes, les chiens ne sont pas à leur avantage : servilité, bêtise, lâcheté, agressivité, méchanceté, etc. Arrêtons-là, mais auparavant rappelons que ce proverbe est très ancien puisqu'on en trouve une expression latine dans une œuvre de Varron (*De lingua latina*, « De la langue latine », Ier av. J.-C.) suggérant que les êtres méchants se reconnaissent, ne s'agressent pas, et réservent « leurs crocs » pour les autres. Attention au chien !

MODE D'EMPLOI

Dans une affaire où l'on sent une association d'intérêts à ses dépens, pour montrer qu'on n'est pas dupe. Cela alertera « les requins », autre terme souvent employé pour évoquer les comportements humains prédateurs, et laissera un peu de répit aux chiens !

AUTREMENT DIT

Un loup ne mange point l'autre. ~ Les corbeaux entre eux ne se crèvent pas les yeux (Jean-Antoine de Baïf, *Mimes, Enseignements et Proverbes*, 1576).

Tel père, tel fils.

« On choisit pas ses parents, on choisit pas sa famille », dit la chanson de Maxime Le Forestier, ni de leur ressembler (au physique et au moral) comme ce dicton, traduction de la formule latine « *qualis pater, talis filius* », le laisse supposer.

MODE D'EMPLOI

✦ S'en souvenir en allant à un spectacle de Thomas Dutronc, de Nicolas Bedos ou de Arthur H (fils de Jacques Higelin). En revanche, à éviter en complimentant l'artiste à la sortie de sa loge ; il en a sans doute assez d'être le « fils de… ».

✦ En levant avec fierté son verre pour fêter le succès de sa progéniture. En profiter quand cela arrive !

AUTREMENT DIT

Les chiens ne font pas des chats (et *vice versa*). ~ Telle mère, telle fille. ~ Poussin chante comme le coq lui apprend.

Folie

À chacun sa marotte.

Autrefois, la marotte, sorte de petit sceptre surmonté d'une tête grotesque coiffée de grelots, était l'attribut des fous du roi et la représentation de la folie. Comme les bouffons sont partageurs, l'expression signifie que nous avons tous (parfois !) une idée fixe, une manie qui peut devenir envahissante, voire obsessionnelle ! Alors attention, à ne pas se laisser emporter par le « raisonnement » des grelots !

MODE D'EMPLOI

Depuis le film *Le Dîner de cons* (1998) de Francis Weber, chacun s'interroge (et se méfie !) s'il est invité à dîner un mercredi soir chez une connaissance. Répondre à une invitation et avoir entendu, pendant la conversation, l'hôte dire « Ah ! À chacun sa marotte ! » doit inciter à la plus grande prudence, voire à se décommander, pour ne pas risquer de passer pour un c…

AUTREMENT DIT

Les fous ont leurs manies, et nous avons la nôtre (Philippe Néricault-Destouches, 1680-1754). ~ Avoir un coup de hache à la tête. ~ La science est un trésor en certaines mains, et en d'autres une marotte (Montaigne, *Essais*, 1580).

Qui vit sans folie n'est pas si sage qu'il croit.

La folie dont parle ici La Rochefoucauld dans *Réflexions ou Sentences et Maximes morales* (1665) n'est pas celle qui aliène l'esprit de l'individu mais ce fameux petit « grain » qui pimente la vie. Le moraliste nous invite donc à trouver un juste milieu où la sagesse soit équilibrée par des initiatives inattendues qui échappent à la convention.

MODE D'EMPLOI

Faire le pari de prononcer cette maxime devant un parterre de Messieurs « On n'est pas là pour plaisanter ». Inutile de préciser, tout le monde connaît de telles personnes.

AUTREMENT DIT

Les fous sont plus utiles aux sages que les sages aux fous. ~ Il n'y a point de génie sans un grain de folie. ~ L'on n'est pas sage tant que l'on n'a pas folié.

Un fou enseigne bien un sage.

Dans les cours d'autrefois, le « fou du roi » (le bouffon) permettait par ses excentricités de situer la limite du raisonnable ; la liberté d'expression liée à sa fonction l'autorisait aussi à délivrer des vérités (pas forcément à l'avantage de son maître) sans être inquiété. L'idée du « fou-sage » existe dès le Moyen Âge ; plus tard, au XVIe siècle, François Ier a son fou personnel, Triboulet : celui-ci devient même un personnage de fiction dans le *Tiers Livre* (1546) de Rabelais où Pantagruel conseille à Panurge de le consulter pour avoir des réponses sur la délicate question du mariage :

« J'ai souvent ouï en proverbe vulgaire qu'un fol enseigne bien un sage. Puisque, par les réponses des sages n'êtes à plein satisfait, conseillez-vous à quelque fol [...] »

MODE D'EMPLOI

Pour répondre du tac au tac à un constat désapprobateur comme : « C'est complètement fou ! » ; ou à une attaque du genre : « Mais vous êtes complètement fou ! ».

AUTREMENT DIT

Si j'ai envie de rire d'un fou, je n'ai pas à chercher loin, je ris de moi (Sénèque, *Lettres à Lucilius*, ier siècle). ~ Les fous sont plus utiles aux sages que les sages aux fous.

GÉNÉROSITÉ

Faute avouée est à moitié pardonnée.

Tout le monde peut commettre une erreur. La reconnaître et en assumer les conséquences signalent alors une bonne foi et la volonté de réparer. Dans ces conditions, la compréhension et la mansuétude sont de rigueur. Si l'origine exacte de ce proverbe demeure inconnue, en revanche l'idée de la faute (le pêché) et de son pardon est souvent évoquée dans les textes bibliques.

MODE D'EMPLOI

✦ À dire à l'enfant qui a imité la signature de ses parents pour cacher une mauvaise note.

✦ Pour détendre un collègue stressé qui a oublié d'aller chercher à l'aéroport la délégation japonaise venue signer un contrat vital et doit le dire au patron. Cependant ne pas se faire trop d'illusions : certes la faute est avouée, mais les clients japonais et le patron sont furieux…

AUTREMENT DIT

Il n'y a pas de quoi fouetter un chat ~ L'erreur est humaine. ~ L'indulgence est la parure des vertus (Jean-Pierre Claris de Florian, *Le Hérisson et les Lapins*, 1792).

La façon de donner vaut mieux que ce qu'on donne.

C'est le conseil que donne le valet Cliton à son maître Dorante dans la première scène de la pièce *Le Menteur* (1643) de Corneille. Il lui explique qu'il y a plusieurs manières de donner, notamment pour séduire une femme. Écoutons-le :

« C'est un secret d'amour et bien grand et bien rare.
Mais il faut de l'adresse à le bien débiter,
Autrement on s'y perd au lieu d'en profiter :
Tel donne à pleines mains qui n'oblige personne.
La façon de donner vaut mieux que ce qu'on donne :
L'un perd exprès au jeu son présent déguisé ;
L'autre oublie un bijou qu'on aurait refusé.
Un lourdaud libéral auprès d'une maîtresse
Semble donner l'aumône alors qu'il fait largesse,
Et d'un tel contretemps il fait tout ce qu'il fait,
Que, quand il tâche à plaire, il offense en effet. »

MODE D'EMPLOI

✦ Pour conseiller un ami qui a un rendez-vous amoureux et hésite entre :
– un bouquet de fleurs,
– un bijou,
– un dîner dans un grand restaurant,
– une soirée à l'Opéra,
– un compliment à dire.

✦ Pour se souvenir avec émotion des bises de votre maman quand vous lui aviez offert un collier en pâte à sel réalisé à l'école.

✦ Pour le « risque-tout » qui rentre chez lui le jour de son anniversaire de mariage, sans petit cadeau, avec seulement… un baiser.

AUTREMENT DIT

Il n'est si bel acquit que le don (Bonaventures de Périer, *Nouvelles Récréations et Joyeux Devis*, 1558). ~ Donner tard, c'est refuser.

Le valet du diable fait plus qu'on ne lui demande.

Ce proverbe cité dans le *Dictionnaire de l'Académie* (édition de 1878) est un avertissement : méfions-nous des personnes trop zélées à nous aider, car à en faire trop elles peuvent commettre des maladresses ou, perspective plus sombre, leur empressement peut dissimuler une manœuvre sournoise.

MODE D'EMPLOI

Pour signifier votre étonnement devant une initiative que vous n'aviez pas sollicitée et qui vous laisse perplexe (la chambre des enfants rangée ; le dossier qui traînait, enfin réglé). Manière de montrer votre étonnement et votre vigilance.

AUTREMENT DIT

Un innocent fourré de malice. ~ À malin, malin et demi.

Un bienfait n'est jamais perdu.

C'est ce que pense le poète Jean le Bon (*Adages françois*, 1557) ; il fait confiance à la nature humaine et à sa capacité morale à reconnaître, pour le valoriser, le bien du mal. Il indique ainsi la voie à suivre même si parfois on peut avoir l'impression de ne pas être payé en retour.

MODE D'EMPLOI

✦ Pour convaincre un hésitant à faire un don.
✦ Pour prendre le temps d'aider une vieille dame à traverser la rue alors que vous êtes déjà bien en retard pour un rendez-vous.
✦ Pour encourager une personne à faire preuve de générosité sans être en attente d'une réciprocité immédiate.

AUTREMENT DIT

Il faut faire le bien pour lui-même. ~ Nul n'est trop bon et peu le sont assez.

GOÛTS

Des goûts et des couleurs on ne discute pas.

L'humanité, c'est le règne de la diversité et il faut l'accepter ; c'est le message de cet adage qui, malgré sa forme péremptoire, est une invitation à la tolérance. On en trouve une forme latine au Moyen Âge (« *gustibus et coloribus non est disputandum* ») et une forme moderne approchante dans le *Dictionnaire de Trévoux* (« Il ne faut pas disputer les goûts », 1704). On l'aura compris, quelle que soit sa forme, voilà une invitation à ne pas refuser !

MODE D'EMPLOI

✦ Formule multi-usages pour couper court aux railleries de toutes sortes (alimentaires, esthétiques, culturelles, sur les relations, vestimentaires, etc.).

✦ Pour éviter de faire une gaffe en regardant la nouvelle coiffure complètement ratée d'un(e) proche et qui vous demande l'air satisfait : « Comment tu me trouves ? ». La personne concernée comprendra votre réserve mais ne cherchera pas à en savoir plus.

AUTREMENT DIT

D'habits d'autrui mal on s'honore. ~ Chacun à sa mode et les ânes à l'antique corde. ~ Les fous ont leur manie, et nous avons la nôtre.

Ne mesurez pas autrui à votre aune.

Ancienne mesure de longueur (1,20 m), l'aune est donc ici l'expression métaphorique de sa propre conception de la vie dont l'injonction du proverbe rappelle la relativité et invite à ne pas en faire une généralité. Cité dans la sixième édition du *Dictionnaire de l'Académie française* (1835), la définition souligne avec malice pourquoi il faut s'en garder :
« Mesurer les autres à son aune, juger des sentiments d'autrui par les siens. Cela se dit plus ordinairement en mal qu'en bien. Il me croit de mauvaise foi, il mesure tout le monde à son aune. »

MODE D'EMPLOI

Pour inviter une personne prompte à juger, à faire des commentaires désobligeants. Le terme « aune » n'ayant plus court, deux cas de figure se présentent : soit la personne visée connaît le sens du mot, et le message passe ; soit elle ne le connaît pas mais comprend parfaitement l'injonction « Ne mesurez pas » et cesse sa médisance pour éviter de passer pour une ignare. Dans les deux cas, mission accomplie.

AUTREMENT DIT

Ne jugez point, et vous ne serez point jugés (Bible) ~ Plus on juge, moins on aime (Chamfort, *Maximes et Pensées*, 1795).

Toujours pâté d'anguille.

Dans sa fable intitulée *Pâté d'anguille* (1674), La Fontaine montre que l'homme est une sorte d'éternel insatisfait toujours en quête de nouveauté et que les meilleures choses (le poète fait l'analogie entre du pâté d'anguille – mets de choix – et une belle femme !), celles qu'il préfère et dont il dispose, finissent toujours par le lasser.
« Même beauté, tant soit exquise,
Rassasie et soule à la fin.
Il me faut d'un et d'autre pain ;
Diversité c'est ma devise. »

MODE D'EMPLOI

Pour un amant surpris avec sa maîtresse par le mari de celle-ci : dans la fable de La Fontaine, le maître pris en flagrant délit d'adultère avec la femme de son valet justifie à ce dernier sa conduite en expliquant que la diversité est sa devise et que l'on se lasse de tout, y compris de manger toujours du pâté d'anguille. Le pâté d'anguille n'étant plus très couru, choisir un autre mets raffiné et dire par exemple : « toujours caviar à la louche ». Pour le reste, cela ne nous regarde pas…

AUTREMENT DIT

Amours nouvelles oublient les vieilles. ~ L'herbe est toujours plus verte dans le pré du voisin. ~ Changement de corbillon fait trouver le pain bon (Adrien de Montluc, *La Comédie de proverbes,* 1616).

Tous les goûts sont dans la nature.

Ce proverbe qui incite à la tolérance et à l'acceptation de la diversité a été recueilli par Philibert-Joseph Le Roux dans un *Dictionnaire comique, satyrique, burlesque, libre et proverbial* (1718) ; l'auteur précisait que son but était de « faciliter aux étrangers et aux Français mêmes l'intelligence de toutes sortes de livres ». Tout un programme !

MODE D'EMPLOI

Pour éviter de dire tout le mal que l'on pense d'une coiffure, d'un vêtement, d'un tableau, d'une fréquentation, d'une couleur, d'une voiture, d'une décoration, etc. Attention, la personne peut mal le prendre ; donc, il est préférable de le penser seulement. Accrochez-vous à un détail qui échappe au « massacre » et faites votre laïus dessus. Bon courage !

AUTREMENT DIT

Le goût est le tact de l'esprit (Chevalier de Boufflers, *Pensées et Fragments*, 1816). ~ Il n'y a pas de grenouille qui ne trouve son crapaud.

Gouvernance

À tout seigneur, tout honneur.

Cette formule fleure bon le Moyen Âge d'où elle provient. Elle rappelle que nous vivons dans une société où le rang, la naissance, la fonction, le mérite, les responsabilités, donnent une place dotée de prérogatives.

MODE D'EMPLOI

✦ À rappeler au subalterne indélicat qui a une tendance fâcheuse à oublier le sens de la hiérarchie.
✦ À prononcer avec un large geste de la main (celle qui est encore valide, l'autre a deux doigts cassés) en arrivant sur le parking saturé d'un hôpital et en s'effaçant devant la voiture de sport du chirurgien qui se gare sur sa place réservée.

AUTREMENT DIT

Apprenti n'est pas maître. ~ Il faut apprendre à obéir pour savoir commander.

De tout temps, les petits ont pâti des sottises des grands.

Triste constat sur les conséquences subies par les peuples lorsque leurs gouvernants engagent des actions désastreuses (mesures sociales, économiques, conflits, etc.). La Fontaine, l'illustre dans sa fable *Les Deux Taureaux et la Grenouille* (1668) où une pauvre grenouille pressent qu'avec ses congénères, elles seront les victimes du combat que se livrent deux taureaux pour une génisse :

« Cette crainte était de bon sens.
L'un des taureaux en leur demeure
S'alla cacher, à leurs dépens :
Il en écrasait vingt par heure.
Hélas, on voit que de tout temps
Les petits ont pâti des sottises de grands. »

MODE D'EMPLOI

✦ Pour exprimer son fatalisme devant des mesures aberrantes (cela ne manque pas !) prises par des « responsables » (cela ne manque pas non plus !).

✦ À placer en exergue des manuels d'histoire et d'économie. Mais ne rêvons pas trop !

AUTREMENT DIT

Service de grand n'est pas héritage. ~ Il vaut mieux être marteau qu'enclume.

Diviser pour régner.

Voilà un proverbe qui produit exactement ce qu'il préconise, car il existe plusieurs sources possibles. Pour ne pas tomber dans ce piège de la division, retenons ce qui est sûr, à savoir son origine latine « *divide ut reges* » (« divise afin que tu règnes »), conseil impératif et impérieux. À chacun de choisir !

MODE D'EMPLOI

✦ Principe n° 1 pour semer la zizanie dans un groupe afin d'en prendre le contrôle. Pas très moral !
✦ Sans doute ressassé par les apprentis dictateurs.
✦ Sans doute appliqué avec succès et constamment par les dictateurs. Hélas !

AUTREMENT DIT

Qui ne sait dissimuler ne peut régner. ~ Savoir dissimuler est le savoir des rois (Cardinal de Richelieu, *Mirame*, 1641).

Gouverner, c'est prévoir.

Savoir anticiper, s'organiser, prendre les bonnes décisions, bien s'entourer… Sans doute la leçon d'une vie, car Émile Girardin (1806-1881) – l'auteur de cette formule – fut expert en la matière : journaliste et patron de journal, homme politique français, il connut de très près les aléas de la vie publique, y compris la prison en 1848 ! Mais cela, il ne l'avait pas prévu !

MODE D'EMPLOI

✦ Candidat à une élection : à inscrire sur son affiche et ses programmes ; le répéter souvent en meeting pour dire ce qu'on le fera et reprocher à ses adversaires au pouvoir d'avoir oublié de le faire.
✦ Une fois élu : ne pas le perdre de vue et préparer sa riposte quand l'opposition vous reprochera à son tour de ne pas le faire.

AUTREMENT DIT

L'art de gouverner, c'est l'art de choisir (Mme de Girardin – l'épouse de Monsieur –, *Lettres parisiennes*, 1837). ~ Ne pas prévoir, c'est déjà gémir.

L'art de gouverner, c'est l'art de choisir.

Ce précepte qui met en exergue la responsabilité et l'engagement n'est pas l'œuvre d'un homme politique mais de Mme de Girardin (*Lettres parisiennes*, 21 octobre 1837), une femme de lettres et journaliste, qui recevait dans son salon parisien toute la fine fleur de la littérature française (Gautier, George Sand, Dumas père, etc.) ; il lui fallait sans doute exercer son « art de gouverner » en présence de tels invités.

MODE D'EMPLOI

✦ À utiliser en toutes circonstances pour un homme politique ; par exemple, pour répondre à une question gênante.
✦ Ce que peut répondre un sélectionneur sportif aux critiques des journalistes et des supporters.

AUTREMENT DIT

Diviser afin de régner. ~ Gouverner, c'est prévoir (attribué à Émile de Girardin, le mari de Madame !).

L'union fait la force.

En ces temps d'individualisme forcené, voilà une leçon à retenir. La Fontaine, lui, ne pouvait pas passer à côté de cette expression proverbiale appelant à la solidarité entre les êtres ; il l'illustre ainsi dans sa fable *Le Vieillard et ses Enfants* (1668) :

« Toute puissance est faible, à moins que d'être unie.
Un vieillard près d'aller où la mort l'appelait :
Mes chers enfants, dit-il (à ses fils il parlait),
Voyez si vous romprez ces dards liés ensemble ;
Je vous expliquerai le nœud qui les assemble.
L'aîné les ayant pris et fait tous ses efforts,
Les rendit, en disant : Je le donne aux plus forts.
Un second lui succède et se met en posture,

Mais en vain. Un cadet tente aussi l'aventure.
Tous perdirent leur temps ; le faisceau résista.
De ces dards joints ensemble un seul ne s'éclata.
Faibles gens, dit le père, il faut que je vous montre
Ce que ma force peut en semblable rencontre.
On crut qu'il se moquait ; on sourit, mais à tort :
Il sépare les dards et les rompt sans effort.
Vous voyez, reprit-il, l'effet de la concorde :
Soyez joints, mes enfants ; que l'amour vous accorde ! »

MODE D'EMPLOI

✦ À l'usage des entraîneurs sportifs (toutes disciplines confondues).
✦ S'en souvenir lorsque l'on participe à une cordée d'alpinistes.
✦ Pour amorcer la plaisanterie bon enfant mais un peu éculée : « L'union fait la force et l'oignon fait la soupe ». Effet comique aléatoire, variable selon l'heure et les publics.

AUTREMENT DIT

Ce que deux veulent n'échoue pas (Ovide, *Les Amours*, 15 av. J.-C.) ~ Le fil triplé ne rompt pas facilement (Bible).

Nul n'est censé ignorer la loi.

Adage ambitieux si l'on s'en tenait à la seule épaisseur des seuls codes civil et pénal ! Dans les faits, il s'agit de rappeler à chaque citoyen qu'enfreindre une loi n'est pas excusable au motif qu'on ignorait son existence. Cette formule vient tout droit (c'est le cas de le dire !) de l'expression latine « *Ignorantia juris neinem excusat* » : l'ignorance de la loi n'excuse personne. Voilà, c'est dit.

MODE D'EMPLOI

✦ S'interroger certains jours sur la pertinence de cet adage face aux révélations quotidiennes de scandales en tous genres où la loi a été violée en toute connaissance. Malgré tout, ne pas sombrer dans le pessimisme.

✦ Y penser le dimanche après-midi en entendant le bruit entêtant de la tondeuse du voisin. Puis, tenter une approche…

AUTREMENT DIT

De part et d'autre la balance. ~ On aime la justice dans la maison d'autrui. ~ Nécessité n'a pas de loi.

HUMANITÉ

Le cœur a ses raisons que la raison ne connaît point.

Deux lectures possibles de cette maxime de Pascal (*Pensées*, 1670) : la première nous rappelle que, pour Pascal, la foi en Dieu ne passe pas par une explication rationnelle ; la seconde que l'être humain est animé à la fois par une logique mais aussi par des pulsions et des sentiments.

MODE D'EMPLOI

✦ Pour clore une discussion qui s'éternise concernant l'incompréhension de votre entourage pour votre choix sentimental, professionnel, vestimentaire, alimentaire, esthétique, etc.
✦ Y songer en voyant débarquer la énième conquête de votre ami don Juan à plein temps.

AUTREMENT DIT

Je est un autre (Arthur Rimbaud, *Lettres du « voyant »*, 1871). ~ Apprends à te connaître et descends en toi-même (Corneille, *Cinna*, 1540).

Les grandes pensées viennent du cœur.

Avec cette maxime, Vauvenargues (*Réflexions et Maximes*, 1746) associe raison et logique avec sentiment et sensibilité. Elle suggère une vision optimiste de l'homme.

MODE D'EMPLOI

✦ À souffler à un milliardaire assis sur le transat de son yacht et regardant les actualités à la télévision.
✦ À souffler à un proche qui s'apprête à prendre une grande décision.

AUTREMENT DIT

L'esprit est toujours la dupe du cœur (La Rochefoucauld, *Réflexions ou Sentences et Maximes morales*, 1665). ~ Si c'est la raison qui fait l'homme, c'est le sentiment qui le conduit (Jean-Jacques Rousseau, *La Nouvelle Héloïse*, 1761).

L'homme n'est qu'un roseau, le plus faible de la nature, mais c'est un roseau pensant.

Maxime majeure de Pascal dans un chapitre consacré à la « Grandeur de l'homme » dans ses *Pensées* (1670). Le mieux c'est encore d'en lire le début :
« L'homme n'est qu'un roseau le plus faible de la nature ; mais c'est un roseau pensant. Il ne faut pas que l'univers entier s'arme pour l'écraser. Une vapeur, une goutte d'eau suffit pour le tuer. Mais quand l'univers l'écraserait, l'homme serait encore plus noble que ce qui le tue ; parce qu'il sait qu'il meurt ; et l'avantage que l'univers a sur lui, l'univers n'en sait rien.

Ainsi toute notre dignité consiste dans la pensée. C'est de là qu'il faut nous relever, non de l'espace et de la durée. Travaillons donc à bien penser. Voilà le principe de la morale. »

MODE D'EMPLOI

✦ Après avoir fait un bilan de l'état du monde, des injustices, de la misère, des guerres, etc. Pour rappeler aux pessimistes qu'il faut croire en l'homme.
✦ Se demander si Pascal ne s'est pas trompé dans certains cas. Un livre d'histoire pourra fournir de nombreux exemples pour alimenter ce doute. Hélas !

AUTREMENT DIT

Un homme averti en vaut deux. ~ *Cogito, ergo sum* (« Je pense, donc je suis », René Descartes, *Discours de la méthode*, 1637).

Pour paraître honnête homme, il faut l'être.

Autrement dit, il est vain de vouloir cacher sa vraie nature ; en tous les cas, c'est ce qu'affirme ici Boileau dans cet adage tiré des *Satires* (1698). Voici ce vers « optimiste » dans son contexte :
« Du mensonge toujours le vrai demeure maître.
Pour paraître honnête homme, en un mot, il faut l'être :
Et jamais, quoi qu'il fasse, un mortel ici-bas
Ne peut aux yeux du monde être ce qu'il n'est pas. »

MODE D'EMPLOI

✦ Pour jeter un froid dans une conversation où vous êtes excédé(e) par un donneur de leçons. Prévoir un départ rapide après avoir cité Boileau.
✦ Idée de titre pour un ouvrage polémique sur le monde économique et politique.

AUTREMENT DIT

Un innocent fourré de malice. ~ À trompeur, trompeur et demi (Noël du Fail, *Contes et Discours d'Eutrapel*, 1585).

Qui se ressemble s'assemble.

L'assonance entre les deux verbes renforce l'idée de ce dicton populaire selon laquelle on recherche toujours la compagnie de celui ou celle doté(e) des mêmes qualités et traits de caractères que soi. La formule exprime parfois le mépris quand elle s'applique à deux personnes dont on veut signaler les défauts communs ; cet emploi critique est très ancien puisqu'on le trouve déjà dans l'*Odyssée* (VIIIe siècle av. J.-C.) d'Homère quand Ulysse, déguisé en mendiant, se rend avec son fidèle porcher Eumée à la cour des prétendants :

« Ce fut là que Mélanthios, fils de Dolios, les rencontra tous deux. Il conduisait les meilleures chèvres de ses troupeaux pour les repas des Prétendants, et deux bergers le suivaient. Alors, ayant vu Ulysse et Eumée, il les insulta grossièrement et honteusement, et il remua l'âme d'Ulysse :

– Voici qu'un misérable conduit un autre misérable, et c'est ainsi qu'un Dieu réunit les semblables ! »

MODE D'EMPLOI

✦ Très commode pour exprimer de manière concise une désapprobation et mettre deux personnes dans le « même sac ».

✦ Pour éviter une longue démonstration à propos d'un comportement que l'on condamne.

AUTREMENT DIT

Qui se frotte à l'ail ne peut sentir la giroflée. ~ Dis-moi qui tu fréquentes je te dirai qui tu es. ~ Les chiens ne font pas des chats.

IGNORANCE

Ignorance est mère de tous les maux.

La plupart du temps fondés sur l'ignorance, l'intolérance, l'ostracisme, la violence et la bêtise qui frappent le monde chaque jour nous rappellent la justesse de cette sentence de Rabelais (*Cinquième Livre*, 1564). Et pour en dire plus :
« Vous autres de l'autre monde dites que l'ignorance est mère de tous les maux, et dites vrai : mais vous ne la bannissez pourtant pas de votre raison, et vivez en elle et par elle. C'est pourquoi tant de maux vous tourmentent de jour en jour : toujours des plaintes, toujours des lamentations, jamais vous n'êtes satisfaits, je m'en rends compte à présent. »

MODE D'EMPLOI

✦ Pour inciter le jeune adolescent à lâcher les manettes de sa console de jeux (sans aucune garantie !).
✦ En se grattant l'oreille, tout en contemplant :
- la notice détaillée d'un meuble à monter acheté dans une grande enseigne suédoise ;
- tous les petits paquets hostiles éparpillés sur le sol et qui contiennent vis, clous, charnières, boulons, clé à visser, etc.
- les paquets de planches qui attendent leur heure…

AUTREMENT DIT

L'admiration est la fille de l'ignorance et mère des merveilles. ~ À l'impossible nul n'est tenu.

Il ne faut pas parler latin devant un cordelier.

Au sens littéral, peu de chance qu'une telle situation se produise, le latin disparaissant progressivement de l'enseignement ; quant au cordelier, sa rencontre est improbable car il s'agit ici d'un moine qui appartenait autrefois à l'ordre des Frères mineurs, fondé par saint François d'Assise ; son nom lui venait d'une grosse corde portée en guise de ceinture sur sa robe de bure. Évidemment sa connaissance du latin en faisait un véritable expert ; ainsi ce proverbe incite à ne pas parler avec assurance d'une chose qu'on maîtrise mal, devant des gens dont c'est le métier et qui la connaissent très bien.

MODE D'EMPLOI

✦ Pour calmer les ardeurs d'un petit nouveau qui a tout vu, tout fait et qui voudrait vous apprendre le métier.
✦ Pour rappeler qui est le patron !

AUTREMENT DIT

Chacun est coutumier de louer son œuvre et son métier. ~ L'âne frotte l'âne. ~ L'ignorance toujours est prête à s'admirer (Nicolas Boileau, *Art poétique*, 1674).

Qui ne sait rien, de rien ne doute.

Autrement dit, l'ignorant, ignorant qu'il ignore, est capable de tout (ou de rien !), car il ne dispose d'aucune information lui permettant de se situer, de s'interroger sur ce qu'il fait ou compte faire. Cité par Pierre Gringore dans son recueil *Notables Enseignements, Adages et Proverbes* (1528), ce proverbe peut faire « froid dans le dos » ! Raison de plus de mettre en pratique le constat de Montaigne (*Essais*, 1580) : « Le beaucoup de sçavoir apporte l'occasion de plus doubter. »

MODE D'EMPLOI

✦ Pour abréger une discussion où la mauvaise foi et l'incompétence prennent le dessus. Comme il s'agit d'une situation finalement assez courante, il convient d'utiliser avec modération ce proverbe, sinon il risque de se banaliser et de perdre son efficacité. Usage recommandé : pas plus d'une fois par jour (oui, cela peut paraître difficile, mais tenir bon !).

✦ En écoutant les réparties (en employant ce mot, il s'agit de faire preuve de charité) de certaines « célébrités d'un jour » dans les émissions télévisées de divertissement.

AUTREMENT DIT

L'ignorance et l'incuriosité font un doux oreiller (Montaigne, *Essais*, 1588). ~ Il n'a rien vu que par le trou d'une bouteille.

Tout ce que sais, c'est que je ne sais pas.

Invitation à la modestie, ce proverbe nous ramène à nos limites en nous faisant mesurer, ou en tout cas appréhender, l'infini des connaissances humaines auquel s'ajoute l'infini de ce qu'il reste à découvrir. Vertige qui doit conduire à la sagesse. Ce constat est ancien et on en trouve (notamment) une trace dans *L'Apologie*

de Socrate (IVe siècle av. J.-C.) de Platon, voilà au moins une chose que nous savons ; laissons la parole à Socrate :
« Examinant donc cet homme, dont je n'ai que faire de vous dire le nom, il suffit que c'était un de nos plus grands politiques, et m'entretenant avec lui, je trouvai qu'il passait pour sage aux yeux de tout le monde, surtout aux siens, et qu'il ne l'était point. Après cette découverte, je m'efforçai de lui faire voir qu'il n'était nullement ce qu'il croyait être ; et voilà déjà ce qui me rendit odieux à cet homme et à tous ses amis, qui assistaient à notre conversation. Quand je l'eus quitté, je raisonnai ainsi en moi-même : je suis plus sage que cet homme. Il peut bien se faire que ni lui ni moi ne sachions rien de fort merveilleux ; mais il y a cette différence que lui, il croit savoir, quoiqu'il ne sache rien ; et que moi, si je ne sais rien, je ne crois pas non plus savoir. Il me semble donc qu'en cela du moins je suis un peu plus sage, que je ne crois pas savoir ce que je ne sais point. »

MODE D'EMPLOI

Évidemment à ne pas prendre au pied de la lettre, cela serait désespérant ! Peut-être utile pour modérer les ardeurs d'une personne qui voudrait forcer la main dans une affaire. Manière élégante de lui dire : « Calme-toi coco, je vais réfléchir, laisse-moi tranquille ! ». Bon, il n'est pas sûr que le message passe ; dans ce cas, ne pas hésiter à utiliser la formule plus directe donnée ci-dessus.

AUTREMENT DIT

Qui sait le plus, doute le plus. ~ Laissez dire les sots : le savoir a son prix (La Fontaine, *Les Avantages de la science*, 1678).

INDÉPENDANCE

Chacun pour soi et Dieu pour tous.

Pour les uns, bel exemple de l'art de justifier l'égoïsme ; pour les autres, démonstration de la nécessité d'être autonome et indépendant puisque Dieu s'occupe de l'humanité, il ne reste alors à chacun qu'à s'occuper de ses propres intérêts. Difficile de trancher. Les anglophobes diront que cela n'est pas étonnant, car il semble que ce proverbe soit d'origine anglaise. En revanche, Voltaire, anglophile notoire, y voit l'expression de la responsabilité et de l'indépendance de chacun comme le montre son emploi dans *Anecdote sur Bélisaire* (1767) :
« Comme l'a dit un certain philosophe, il ne faut pas purger les petits-fils pour la maladie de leur grand-père ; chacun pour soi et Dieu pour tous. Il n'y a que le loup qui dise à l'agneau : Si ce n'est toi, c'est donc ton frère. »

MODE D'EMPLOI

Ce que doivent penser en leur for intérieur (bien sûr en partant du principe que celui-ci existe !) les « geeks » massés depuis plusieurs heures devant l'entrée du magasin où va être mis en vente le dernier modèle de leur console préférée. Pour l'instant, ils ont l'air décontracté, parlent tranquillement entre eux, semblent être doux comme des chatons d'un mois ; quand les portes vont s'ouvrir, la métamorphose va être brutale : ce sont des tigres qui vont s'élancer. Gare !

AUTREMENT DIT

Chacun est l'artisan de son sort. ~ Ne t'attends qu'à toi seul : c'est un commun proverbe (La Fontaine, *L'Alouette et ses Petits avec le Maître d'un champ*, 1668).

Chacun voit midi à sa porte.

Si aujourd'hui l'heure est partout (montre, radio-réveil, smartphone, ordinateur, lieux publics, etc.), autrefois il y avait seulement l'horloge du clocher ou l'horloge solaire sur la façade de sa maison (pour les plus aisés !) ; ce qui donnait une heure différente d'un village ou d'une maison à l'autre. La métaphore du proverbe illustre ainsi le fait que chaque personne réagit en fonction de son point de vue et de ses intérêts particuliers.

MODE D'EMPLOI

✦ Pour signifier son désaccord et mettre fin à une négociation qui s'éternise. À prononcer évidemment en franchissant le seuil de la porte !

✦ Pour éloigner un « conseilleur » et éviter ainsi une formule plus « saignante » et propice aux larmes comme « mêlez-vous de vos oignons ! »

AUTREMENT DIT

Rame sur ton propre bateau. ~ Le pain d'autrui est amer. ~ Qui m'aime me suive.

Charité bien ordonnée commence par soi-même.

Incitation à l'égoïsme et à l'individualisme forcené et cynique ? Ce serait sans doute le degré zéro de ce proverbe attesté depuis la fin du XIVe siècle. Le premier degré serait de le traduire comme un conseil à s'occuper de sa situation avant d'aider les autres ; le second degré serait d'imaginer qu'il nous invite à prendre soin des autres comme on le ferait de soi-même. À chacun de choisir son degré.

MODE D'EMPLOI

À utiliser en camping avec des amis lorsqu'arrive le moment fatidique où chacun va devoir replier sa tente « 2 secondes » ; il est 10 h 00 du matin et l'objectif est d'avoir réussi l'opération avant midi (certes, c'est ambitieux !). Vous avez la réputation d'être le spécialiste et chacun sollicite votre aide.

AUTREMENT DIT

Comme on fait son lit on se couche (Philibert Le Duc, *Proverbes en rimes*, 1664). ~ On ne fait pas de procession pour tailler les vignes.

On n'est jamais si bien servi que par soi-même.

Individualisme, égoïsme, méfiance ? Cette formule extraite de *Bruis et Palaprat* (1807), comédie en un acte de Charles-Guillaume Étienne pourrait laisser penser à un rejet de la société et à une misanthropie. La formule est surtout perçue comme l'expression de l'autonomie et de l'indépendance. En fait, le contexte de la pièce révèle surtout deux personnages, auteurs d'une pièce de théâtre ratée et très mal accueillie, qui justifient à leur visiteur leur vie étriquée, jugez plutôt :

« LE DUC : Et vous n'avez personne pour vous servir ?
PALAPRAT : Non, nous nous sommes faits là-dessus un système ;
On n'est jamais mieux servi que par soi-même.
J'ai chassé le valet que nous avions jadis ;
Il servait à lui seul presqu'aussi mal que dix.
Nous vaquons tour à tour aux travaux de ménage ;
Nous faisons un dîner de même qu'un ouvrage.
Bruis est délicat, et même un peu friant :
Il y met le bon goût, moi j'y mets le piquant.
Sur tous les points, au reste, il dispose, il ordonne.
Bref, il fait le dîner, et moi je l'assaisonne. »
(Acte I, scène 2).

MODE D'EMPLOI

✦ Pour se convaincre en faisant son plein d'essence dans une station-service alors qu'on vient de renverser du précieux liquide sur sa paire de mocassins tout neufs.
✦ À l'heure de préparer le dîner, seul(e) face à son réfrigérateur presque vide (les courses, c'est demain !) et quatre « bouches affamées » qui comptent sur vous.

AUTREMENT DIT

Ma peau m'est plus proche que ma chemise. ~ Charité bien ordonnée commence par soi-même.

Influences

De nouveau tout m'est beau.

La publicité, la mode, les nouvelles technologies qui évoluent en permanence, rendant obsolète le soir ce qui est apparu le matin (à peine exagéré), tout nous incite à nous lasser très vite du quotidien pour laisser la nouveauté exercer son attrait sur nous. C'est ce qu'avait déjà constaté ce proverbe médiéval. Donc en ce qui concerne le comportement humain, « rien de nouveau sous le soleil » !

MODE D'EMPLOI

✦ En regardant la file d'attente des « geeks » devant un magasin qui propose la nouvelle console, la nouvelle application, le nouveau smartphone, bref propose « le nouveau ».
✦ Ce que peut penser le jaloux amer contemplant un couple de jeunes mariés.

AUTREMENT DIT

Tout nouveau, tout beau. ~ Il nous faut du nouveau, n'en fût-il plus au monde (La Fontaine, *Clymène*, 1671).

Faisons ce qu'on doit faire et non pas ce qu'on fait.

Dans notre société où mode et médiatisation poussent à l'uniformisation, ce précepte de Pierre-Claude Nivelle de La Chaussée (*Le Préjugé à la mode*, 1735) nous incite à ne pas mettre nos pas dans les pas d'autrui, à être soi-même et à ne pas chercher à imiter.

MODE D'EMPLOI

✦ À utiliser comme une sorte de maître-étalon pour mesurer à quel point on est influencé ou indépendant.
✦ À se répéter avec constance, surtout si on a choisi de vivre « hors du troupeau ». Ambition proche de « Mission impossible »...

AUTREMENT DIT

L'amphore garde longtemps l'odeur du premier vin qu'elle a contenu (Horace, *Épîtres*, Ier siècle av. J.-C.). ~ Nous avons d'assez bons préceptes, mais peu de maîtres (Vauvenargues, *Réflexions et Maximes*, 1746).

Qui n'entend qu'une cloche n'entend qu'un son.

La métaphore de ce proverbe est explicite : il ne faut pas se fier à un seul avis, à une seule information pour se forger une opinion. Mais, aujourd'hui, la multiplication des sources d'informations fait que c'est souvent un tintamarre de « cloches » que l'on entend. Il n'est alors pas plus facile de se faire une juste idée.

MODE D'EMPLOI

✦ Pour « raisonner » un esprit obtus qui ne démord pas de sa seule conviction. Autant dire pour lui sonner les cloches !

✦ Pour refuser de céder à une pression de circonstance. Exemple : le vendeur qui vous accroche pour vous placer sa cuisine et veut absolument vous faire signer un devis qui, à l'écouter, n'engage à rien…

AUTREMENT DIT

À la presse vont les fous (Jean Le Bon, *Adages françois*, 1557). ~ Têtu comme un âne rouge.

Si ton voisin se va noyer, tu ne dois pour tant aller.

Si la forme est ancienne puisqu'on trouve ce proverbe dans le *Bonum spatium*, un manuscrit du XIVe siècle, le conseil est toujours d'actualité : garder son indépendance d'esprit et d'action, et ne pas suivre aveuglément les initiatives d'autrui. Bref, ne pas se transformer en moutons de Panurge ; dans *le Quart Livre* de Rabelais, Panurge jette un mouton dans l'eau ; le reste du troupeau et le berger suivent et se noient !

MODE D'EMPLOI

✦ Pour décliner de façon moyenâgeuse une invitation à se rendre à la piscine.

✦ Pour convaincre l'autre qu'il n'est pas nécessaire de partir en vacances le même jour que tout le monde pour se retrouver bloqué, des heures durant, sur une autoroute, et arriver quinze heures plus tard, exsangue, proche de la crise de nerfs.

AUTREMENT DIT

Le monde n'est que franche moutonnaille (La Fontaine, *Contes et Nouvelles*, « l'Abbesse », 1675). ~ À la presse vont les fous (Jean le Bon, *Adages françois*, 1557).

Injustice

La raison du plus fort est toujours la meilleure.

Chaque jour on peut vérifier ce constat de La Fontaine, dans la fable *Le Loup et l'Agneau* (1668) où les arguments de l'agneau ne peuvent rien contre la mauvaise foi, la faim et la force du loup qui, finalement, le mange. Ainsi, l'humanité est régie par des rapports de force où c'est souvent la loi du plus fort qui l'emporte et pas forcément l'équité. Les latins ne parlaient pas d'agneaux, mais ce n'est guère plus encourageant : « *Homo homini lupus* », c'est-à-dire « l'homme est un loup pour l'homme ».

MODE D'EMPLOI

✦ Pour dénoncer avec fatalisme une injustice flagrante.
✦ Pour signifier qu'on n'est pas d'accord avec une décision imposée à laquelle on doit se soumettre.
✦ À penser avec délectation (mais discrètement) dans les cas où c'est vous le patron !

AUTREMENT DIT

Contre le tonnerre ne pète (Jean-Antoine de Baïf, *Mimes, Enseignements et Proverbes*, 1576).

Qui se fait brebis, le loup mange.

Ce proverbe dont on trouve trace à partir de 1450 n'est plus guère employé aujourd'hui. Pourtant cette métaphore habituelle du faible (brebis) et du fort (loup) conserve toute son actualité dans une société au sein de laquelle règne une féroce compétition dans tous les domaines et où il faut parfois manger pour ne pas l'être !

MODE D'EMPLOI

✦ Pour encourager une personne à ne pas se laisser faire ; pour secouer sa passivité.

✦ Il est possible de compléter la métaphore « ovine » en ajoutant qu'il ne faut pas « se laisser tondre la laine sur le dos » !

AUTREMENT DIT

Les gros poissons mangent les petits. ~ La raison du plus fort est toujours la meilleure (La Fontaine, *Le Loup et l'Agneau*, 1668).

Selon que vous serez puissant ou misérable, les jugements de cour vous rendront blanc ou noir.

Justice à deux vitesses ? Oui, cela existe. C'est ce que dénoncent ces deux vers tirés de la fable de La Fontaine *Les Animaux malades de la peste* (1678) où le seul innocent, mais le plus faible, un âne, va servir de « bouc » émissaire !

MODE D'EMPLOI

✦ Pour montrer que l'on n'est pas dupe du poids de l'argent et du pouvoir dans les décisions de justice.

✦ À l'aéroport, en contemplant depuis la file d'attente de la classe économique, où l'on attend depuis une heure et demie, le passage direct des quelques passagers de la première classe.

AUTREMENT DIT

Le gibet n'est que pour les malheureux. ~ Le fort emporte le faible. ~ La justice sans la force est impuissante ; la force sans la justice est tyrannique (Pascal, *Pensées*, 1670).

Tout ce qui est injuste nous blesse, lorsqu'il ne nous profite pas directement.

Cette maxime de Vauvenargues (*Réflexions et Maximes*, 1746) nous rappelle gentiment à quel point nous savons relativiser en fonction de nos propres intérêts.

MODE D'EMPLOI

✦ Pour tenter de calmer la colère d'une personne qui vient d'être éliminée d'un jeu de télé-réalité ; il n'est pas utile d'évoquer Vauvenargues, cela pourrait passer pour une provocation et une vexation supplémentaire.

✦ Ce que pourrait dire un joueur de football professionnel âgé de 19 ans qui gagne 100 000 euros mensuellement à un jeune homme de 23 ans, tout juste sorti d'une école d'ingénieurs avec son diplôme en poche (bac + 5) et qui gagne 1 900 euros par mois dans son premier emploi trouvé après plusieurs mois de chômage. Le conditionnel est de rigueur, car il faudrait que le joueur de football connaisse l'existence de Vauvenargues.

AUTREMENT DIT

Tirer une plume de l'aile à quelqu'un. ~ Chacun cherche son propre profit. ~ Il n'y aucun mérite à faire le bien. Lorsqu'on n'a pas intérêt à faire le mal.

Interdits

Il est interdit d'interdire.

Apparu sur les murs de Sorbonne en mai 1968, ce slogan libertaire et provocateur atteint son but en cultivant à l'extrême le paradoxe puisque le verbe conjugué fait exactement ce qu'il veut abolir (« interdire »). Aujourd'hui, la formule a perdu sa connotation idéologique et pris un tour proverbial pour marquer sur le ton de la plaisanterie son refus d'une situation contraignante.

MODE D'EMPLOI

Pour le (gentil) provocateur qui :
– cherche à rester encore un peu par une belle journée ensoleillée sur la pelouse interdite du parc botanique alors que le gardien lui demande de décamper ;
– trouve charmante la contractuelle qui vient de lui dresser une contravention pour stationnement interdit et qui cherche un moyen de prolonger la rencontre.

AUTREMENT DIT

Nul ne pêche par un acte qu'il ne peut éviter (Saint Augustin, *Traité du libre arbitre*, Ve siècle). ~ La liberté est le droit de faire ce que les lois permettent (Montesquieu, *L'Esprit des lois*, 1748).

Ne faites pas aux autres ce que vous ne voudriez pas qu'on vous fasse.

À croire que depuis toujours l'humanité tourne la tête ailleurs à chaque fois que ce proverbe est prononcé ou écrit, car on le retrouve sous diverses formes dans toutes les sociétés et dans toutes les religions monothéistes. Les philosophes l'appellent l'éthique de réciprocité ou « la règle d'or ». En ce début de XXIe siècle, il faudrait donc réveiller ce principe moral dans les consciences car, pour l'instant, ce n'est pas exagéré de dire que cette « règle d'or » dort.

MODE D'EMPLOI

✦ À « marteler » à tous ceux qui veulent le bonheur des autres malgré eux et leur pourrissent la vie au nom d'idéaux et/ou de croyances. Programme ambitieux diront certains, programme utopique diront d'autres. On peut toujours essayer.

✦ À ne pas prononcer devant un sado-masochiste.

AUTREMENT DIT

Connais le monde et sais le tolérer (Voltaire, *Le Prude*, 1747). ~ Bien faire et laisser dire.

Nous défendre quelque chose, c'est nous en donner envie.

Ah, l'incorrigible nature humaine ! Elle aime braver les interdits et s'attaquer aux fruits défendus. C'est le sens de ce précepte cité par Montaigne (*Essais*, 1580) dans un chapitre intitulé *Que le désir s'accroît avec la malaisance* ; pour que les choses soient bien claires, il précise : « Notre appétit méprise et outrepasse ce qui lui est en main, pour courir après ce qu'il n'a pas. ». L'homme éternel insatisfait ?

MODE D'EMPLOI

À tenter pour convaincre le gardien du parc qui veut vous verbaliser, que la pelouse interdite était si verte et si tentante par ce bel après-midi de juin. Si cela ne marche pas, on peut se consoler en se disant que c'était un « Essai »...

AUTREMENT DIT

Pain dérobé réveille l'appétit. ~ Le miel est fait pour qu'on le lèche. ~ Les envieux mourront, mais jamais l'envie (*Incipiunt proverbia rusticorum mirabiliter versificata*, XIIIe siècle).

Tout est tentation à qui la craint.

Fin observateur des mœurs de son temps et de la nature humaine, La Bruyère s'intéresse ici au désir (*Les Caractères*, 1688) et montre à quel point il nous met à la fois dans une situation de dépendance tout en nous faisant percevoir la réalité sous un autre angle. Voici son exemple :
« Pour les femmes du monde, un jardinier est un jardinier, et un maçon est un maçon ; pour quelques autres plus retirées, un maçon est un homme, un jardinier est un homme. Tout est tentation à qui la craint. » (*Les Caractères,* « Des femmes »).

MODE D'EMPLOI

En reprenant sans une once de culpabilité de la mousse au chocolat pour la troisième fois. Tout en dégustant, sous les yeux ébaubis de l'assistance, faire l'intéressant en se servant de ses connaissances sur les fondements religieux de la gourmandise qui est considérée comme un des sept péchés capitaux dans la religion catholique. Ne pas hésiter à citer les autres : la paresse, l'orgueil, l'avarice, la colère et l'envie. L'attention ayant été détournée, bien s'essuyer pour faire disparaître toute trace de cet excès.

AUTREMENT DIT

On y court comme au feu. ~ Sa tête donne bien de l'exercice à ses pieds.

JEUNESSE

Il faut que jeunesse se passe.

Ce proverbe invite à l'indulgence pour les erreurs et/ou les excès liés à la jeunesse ; précipitation, inexpérience, affirmation de soi, goût du risque et de l'interdit, autant d'ingrédients détonants d'un âge pas toujours simple à traverser.

MODE D'EMPLOI

✦ Peut-être à méditer devant la porte fermée de la chambre de son adolescent, et qui refuse obstinément d'ouvrir malgré vos injonctions.
✦ À ruminer dans la salle d'attente du bureau du proviseur qui vous a convoqué à propos de votre adolescent(e).
✦ Pour ne pas exploser devant l'air boudeur et excédé de votre adolescent(e) pendant le repas de famille du dimanche.

AUTREMENT DIT

Le diable était beau quand il était jeune. ~ Quand le rossignol a vu ses petits, il ne chante plus.

On ne peut être et avoir été.

Les termes de l'alternative sont clairs : se réfugier dans la nostalgie d'un passé révolu et vivre comme un zombie ou vivre et apprécier le présent (qui passe aussi !). Cette maxime de Chamfort (1741-1794) extraite des *Caractères et Anecdotes* (recueil posthume) est donc une invitation à la lucidité : si notre jeunesse appartient au passé, occupons-nous de notre présent.

MODE D'EMPLOI

Le mariage de vos amis avait pourtant bien débuté ; mais pas de chance, le plan de table vous a placé à côté d'un vieux radoteur qui vous assomme avec ses exploits de jeunesse. Et votre voisine de gauche ne vaut guère mieux, elle fait subir la même chose à son voisin. Tentez de placer la formule de Chamfort au moment où votre bavard boit un verre. Observez l'effet produit. S'il repart de plus belle dans son évocation nostalgique, songez à l'envie pressante…

AUTREMENT DIT

Jeunesse rêve, vieillesse décompte. ~ Qui jeune est fou, vieux en a les frissons.

Si jeunesse savait, si vieillesse pouvait.

Voici le message d'un humaniste, Henri Estienne (*Les Prémices*, 1594) observant qu'il manque toujours quelque chose à l'homme : l'expérience et la sagesse lorsqu'il est jeune ; la force et l'envie lorsqu'il est vieux ; où l'on voit qu'avec des « si » on obtiendrait l'homme idéal !

MODE D'EMPLOI

✦ Pour encourager les relations inter-générationnelles.

✦ Ce que pourrait penser une jeune personne qui se rend à un entretien d'embauche.

✦ Ce que pourrait penser un vieil homme qui se rend à un rendez-vous galant et s'aperçoit que sa boîte de pilules Viagra est vide. Il est 21 h 00 et toutes les pharmacies sont fermées…

AUTREMENT DIT

Autant en emporte le vent (François Villon, *Testament*, 1461). ~ Le temps nous passe. ~ Le plus beau lendemain ne nous rend pas la veille.

Labeur

Ce qui vaut la peine d'être fait vaut la peine d'être bien fait.

C'est ce que pensait le peintre Nicolas Poussin (1594-1665) qui en avait fait sa devise. Il suffit de contempler son tableau *Vénus et Adonis* pour comprendre l'exigence de perfection de cet artiste.

MODE D'EMPLOI

À rappeler avant de se lancer dans un projet collectif où certaines tâches pourraient paraître plus « nobles » que d'autres.

AUTREMENT DIT

Vingt fois sur le métier remettez votre ouvrage ; Polissez-le sans cesse et le repolissez (Boileau, *L'Art poétique*, 1674). ~ Qui engrène bien, finit bien.

L'appétit vient en mangeant.

C'est ce que nous dit Rabelais au chapitre 5 de son *Gargantua* (1534) ; comme toujours, il faut prendre la verve de l'auteur et son allusion alimentaire au sens figuré et comprendre que le désir d'apprendre naît et s'accroît par l'étude régulière.

MODE D'EMPLOI

✦ Pour inciter, encourager, quelqu'un qui hésite devant une lecture, un apprentissage ou un plat de brocolis.
✦ Ce que se dit le « trader » qui a doublé ses primes en une seule journée.

AUTREMENT DIT

Sans un peu de travail, on n'a pas de plaisir (Jean-Pierre Claris de Florian, *Fables*, 1792) ~ Nul bien sans peine.

Le travail éloigne de nous trois grands maux : l'ennui, le vice et le besoin.

Cette maxime du conte voltairien *Candide* (1759) est reçue par le héros de la bouche d'un sage turc rencontré à la fin de ses aventures ; elle prête au travail toutes les vertus et suggère que c'est par lui que l'homme se grandit tout en acquérant sa liberté. Un peu plus loin, Voltaire appuie encore la leçon :
« Je sais aussi, dit Candide, qu'il faut cultiver notre jardin. – Vous avez raison, dit Pangloss ; car, quand l'homme fut mis dans le jardin d'Éden, il y fut mis ut operaretur eum, pour qu'il travaillât : ce qui prouve que l'homme n'est pas né pour le repos. – Travaillons sans raisonner, dit Martin ; c'est le seul moyen de rendre la vie supportable. »

MODE D'EMPLOI

Vérifier que les trois grands maux sont bien éloignés. S'il en reste un, se poser une question ; s'il en reste deux se poser deux questions ; s'il en reste trois, reprendre de sa glace préférée, puis aller se coucher, la nuit porte conseil…

AUTREMENT DIT

Le travail c'est la santé. ~ De bon matin se lève le pain. ~ L'oisiveté est la mère de tous les vices.

On ne vit pas d'amour et d'eau fraîche.

L'expression « d'amour et d'eau fraîche », une manière de dire que le sentiment ne nourrit pas son couple, est devenue un proverbe pour exprimer les réticences concernant un projet d'union, puis une formule pour constater que l'existence est une somme d'efforts à fournir. Pas très exaltant tout cela : certains préfèreront la contradiction portée par Plaute (*Casina,* IIe av. J.-C.) : « Quand on aime, ventre affamé n'a pas faim. »

MODE D'EMPLOI

✦ À dire à un (faux ?) naïf qui s'étonne du prix d'un objet, d'une production, et s'étonne même que cela ne soit pas gratuit.
✦ Pour expliquer que le téléchargement illégal empêche les artistes de vivre de leur travail.

AUTREMENT DIT

Toute peine mérite salaire. ~ Il faut apprendre de la vie à souffrir la vie (Chamfort, *Caractères et Anecdotes*, 1795).

Travaillez, prenez de la peine : c'est le fonds qui manque le moins.

Dans ces temps de crise difficiles qui privent de travail des millions de personnes, on mesure toute la pertinence de cet adage extrait de la fable *Le Laboureur et ses Enfants* (1668) de La

Fontaine. Éloge du travail et de ses vertus que nous vous invitons à lire (ou à relire) :

« Travaillez, prenez de la peine :
C'est le fonds qui manque le moins.
Un riche Laboureur, sentant sa mort prochaine,
Fit venir ses enfants, leur parla sans témoins.
Gardez-vous, leur dit-il, de vendre l'héritage
Que nous ont laissé nos parents.
Un trésor est caché dedans.
Je ne sais pas l'endroit ; mais un peu de courage
Vous le fera trouver, vous en viendrez à bout.
Remuez votre champ dès qu'on aura fait l'Oût.
Creusez, fouiller, bêchez ; ne laissez nulle place
Où la main ne passe et repasse.
Le père mort, les fils vous retournent le champ
Deçà, delà, partout ; si bien qu'au bout de l'an
Il en rapporta davantage.
D'argent, point de caché. Mais le père fut sage
De leur montrer avant sa mort
Que le travail est un trésor. »

MODE D'EMPLOI

✦ À méditer les jours où l'on aimerait rester couché.

✦ Pour convaincre la jeune génération que l'univers de la publicité et des médias est en grande partie « factice » et que rien ne tombe « tout cuit, tout rôti » dans la bouche.

AUTREMENT DIT

Toute peine mérite salaire. ~ Nul bien sans peine. ~ Qui hait le travail hait la vertu. ~ Les petits ruisseaux font les grandes rivières.

Liberté

Charbonnier est maître chez lui.

Quelle que soit sa condition, on reste le maître chez soi, nous dit ce proverbe né d'une anecdote rapportée par Blaise de Monluc, maréchal de France, proche de François Ier, dans ses *Commentaires* (1592) : le roi, s'étant égaré à la chasse, fut accueilli dans la maison d'un charbonnier qui, ignorant l'identité de son royal invité, garda la seule chaise de la maison et lui proposa un méchant tabouret en lui expliquant : « Monsieur, je prends cette place parce que c'est celle où je me mets toujours et cette chaise, parce qu'elle est à moi. Or, par droit et par raison ; chacun est maître en sa maison. »

MODE D'EMPLOI

✦ À traduire en martien, au cas où un petit bonhomme s'invite chez vous…

✦ À rappeler à quiconque tente de s'approprier votre fauteuil de sieste.

✦ À déposer sur le bureau du stagiaire.

AUTREMENT DIT

Celui qui tient la queue de la poêle, il la tourne là où il vaut (*Proverbia vulgalia et latina*, XIIIe siècle).

La plume est serve, mais la parole est libre.

Formule citée par le juriste René Garraud dans son *Précis de droit criminel* (1885) pour rappeler que le procureur doit prendre par écrit des réquisitions conformes aux instructions hiérarchiques mais conserve la liberté de développer oralement à l'audience ses propres conclusions. Exemple technique de l'indépendance de la justice.

MODE D'EMPLOI

À placer dans un devoir de première année de licence de droit. Les étudiants puiseront dans l'actualité des exemples concrets. La polémique est possible.

AUTREMENT DIT

Ce n'est pas le tout d'avoir une bonne cause, il faut encore savoir solliciter. ~ À beau parler qui n'a cure de bien faire (Adrien de Montluc, *Les Illustres Proverbes historiques,* 1655).

Le coq est roi sur son fumier.

Hors de son territoire, un puissant perd de sa force et de son autorité ; c'est ce que nous dit cette métaphore champêtre inspirée par une formule de Sénèque, dans sa satire *L'Apocoloquintose du divin Claude* (55 apr. J.-C.) : l'empereur Claude est mort ; il est chez les Dieux et Hercule vient de se moquer de lui. Évidemment, Claude hésite à réagir comme il l'aurait fait avec un simple mortel quand il était vivant et tout-puissant :
« Cela fut dit avec assez d'âme et de vigueur. Le dieu pourtant n'avait pas toute son assurance, craignant *d'un fou quelque taloche*. Mais Claude, en présence d'un robuste gaillard, n'eut plus envie de rire ; il comprit que si à Rome personne n'était son égal, là-haut il n'avait

plus le même crédit, et que le coq n'est vraiment fort que sur son fumier. »

MODE D'EMPLOI

✦ Cela s'impose pour rabattre le « caquet » à une personne qui veut être calife à la place du calife.
✦ Si l'on ne craint pas cette métaphore de basse-cour, pour se moquer d'un « petit chef ». Cela existe.

AUTREMENT DIT

La fièvre quarte sied bien au lion. ~ Le roi qui règne est toujours le plus grand (Edme Boursault, *Ésope à la cour*, 1701).

Le soleil luit pour tout le monde.

Ce proverbe d'origine biblique et latine (« *sol omnibus lucet* ») vient contredire heureusement les paroles pessimistes de la chanson de Claude François : « Le lundi au soleil, c'est une chance qu'on n'aura jamais ». Chacun possède des droits dont il peut jouir. Bien sûr la réalité se charge souvent d'assombrir cette métaphore solaire.

MODE D'EMPLOI

✦ En écoutant le bulletin météo qui place beaucoup de nuages sur votre région alors que le reste du pays est sous un soleil radieux.
✦ L'hiver, le matin en partant au travail : il fait nuit. Le soir en rentrant : il fait nuit. Exemple montrant les limites du proverbe qui, dans ce cas présent, ignore complètement la réalité !

AUTREMENT DIT

On adore plutôt le soleil levant que le soleil couchant. ~ Les hommes naissent bien dans l'égalité, mais ils n'y sauraient demeurer (Montesquieu, *L'Esprit des lois*, 1748).

Sans la liberté de blâmer, il n'est point d'éloge flatteur.

C'est ce que revendique le personnage de Figaro dans un monologue de la pièce de Beaumarchais (*Le Mariage de Figaro*, 1764), dénonçant pêle-mêle les privilèges de la noblesse et la censure. Aujourd'hui, cette formule symbolise la liberté d'expression et la possibilité de critiquer ou d'encenser sans avoir de compte à rendre.

MODE D'EMPLOI

✦ À un supérieur qui n'accepte pas la critique de ses méthodes.
✦ À un subalterne qui ne comprend pas la critique de son travail.
✦ Dans une réunion politique, avant de commencer une intervention critique sur l'orientation de son parti.

AUTREMENT DIT

Une seule critique nous blesse plus que vingt éloges ne nous flattent (Antoine-Vincent Arnault, *Fables nouvelles*, 1834). ~ Qui n'entend qu'une cloche n'entend qu'un son.

MALHEURS

à force de mal aller tout ira bien.

Pour lutter contre les vicissitudes de la vie, voilà un proverbe d'un optimisme indécrottable qui part sans doute du principe qu'une fois le fond touché, on ne peut plus que remonter (les pessimistes diront : « ou rester au fond ! »). On ne s'étonnera pas de savoir qu'il est cité dans le *Dictionnaire comique, satyrique, critique, burlesque, libre et proverbial* (1786) de Philibert-Joseph Le Roux avec l'explication suivante :
« C'est lorsqu'on espère quelque changement aux affaires. »

MODE D'EMPLOI

Proverbe fataliste à user avec modération pour ne pas sombrer dans le renoncement. Mais fera meilleur effet et moins de mal que de croire aux vertus asphyxiantes du gaz de ville ou aux effets de la loi de la pesanteur sur un corps tombant du haut d'un viaduc.

AUTREMENT DIT

Entre deux vertes une mûre (Jean-Antoine de Baïf, *Mimes, Enseignements et Proverbes*, 1576). ~ Il faut faire contre mauvaise fortune bon cœur.

À quelque chose malheur est bon.

Proverbe de masochiste ou d'indécrottable optimiste ? C'est selon… On retiendra surtout l'idée que la vie apporte des expériences de toutes sortes, positives et négatives, et qu'on peut toujours en tirer un enseignement pour la suite. On trouve une version ancienne plus piquante « À quelque chose sert malheur » dans les *Propos rustiques de maistre Léon Ladulfi, Champenois* (1547) de Noël du Fail, pour la raison que l'on comprend quand on lit son contexte : deux personnages discutent au bord de l'eau et l'un d'eux énumère des proverbes paysans :
« […] pour guérir des verrues, faut toucher à la robe d'un cocu (c'est celui à qui l'on biscote la femme dont à quelque chose sert de malheur) ».

MODE D'EMPLOI

✦ Pour encourager un fumeur qui a égaré son briquet.
✦ Pour consoler une personne qui a perdu son chat mais retrouvé son chien (il y a des jours comme ça !).
✦ S'en convaincre en lisant un bon livre (par exemple celui-ci) à la lueur d'une bougie, un jour de panne d'électricité.
✦ En être convaincu après s'être cassé la jambe et n'avoir pas pu prendre l'avion qui s'est écrasé le lendemain.

AUTREMENT DIT

Le profit de l'un est le dommage de l'autre (Montaigne, *Essais*, 1580).
~ Il n'y a aucun mal qui ne serve à quelque bien.

Entre deux maux, il faut chercher le moindre.

Ce n'est pas un slogan masochiste, mais la réponse à une alternative dans une situation difficile où aucune des deux possibilités ne sera satisfaisante ; alors, il faut choisir la moins pénible ou la moins éloignée de ses valeurs. Cet adage s'inspire d'une pensée développée par Aristote dans *Éthique à Nicomaque* (IVe siècle av. J.-C.) dans un chapitre consacré à la vertu. Voici le développement du philosophe :

« Par conséquent, si la vertu morale, soit un juste milieu, et en quel sens elle l'est, à savoir qu'elle est un juste milieu entre deux vices, l'un par excès et l'autre par défaut, et qu'elle soit un juste milieu de cette sorte parce qu'elle vise la position intermédiaire dans les affections et dans les actes, – tout cela nous l'avons suffisamment établi. [...]

En effet, des deux extrêmes l'un nous induit plus en faute que l'autre ; par suite, étant donné qu'il est extrêmement difficile d'atteindre le moyen, nous devons, comme on dit, changer de navigation et choisir le moindre mal, et la meilleure façon d'y arriver sera celle que nous indiquons. »

MODE D'EMPLOI

À utiliser les jours où toutes les perspectives sont aussi sombres qu'un ciel de pluie par un jour d'hiver : par exemple, déjeuner dans la belle-famille ou tondre la pelouse ; travailler jusqu'à 2 h 00 du matin pour terminer le dossier du lendemain ou réparer la fuite d'eau de la salle de bains ; avouer une faute ou la cacher.

AUTREMENT DIT

Qui mal cherche, mal trouve (Gilles de Noyers, *Proverbia gallicana*, 1558). ~ De deux maux prend-on le plus petit.

Un malheur n'arrive jamais seul.

Il y a des jours (ou des périodes !) dans la vie où rien ne va ; comme si une malédiction s'abattait sur nos têtes. On évoque alors pour se rassurer (un peu) la loi des séries. C'est le sens de ce proverbe dont on trouve une formulation au Moyen Âge dans *La Complainte* de Rutebeuf (1230-1285) :

« Que sont mes amis devenus
Que j'avais de si près tenus
Et tant aimés
Ils ont été trop clairsemés
Je crois le vent les a ôtés
L'amour est morte
Le mal ne sait pas seul venir
Tout ce qui m'était à venir
M'est advenu. »

MODE D'EMPLOI

✦ Pour se préparer au pire après la survenue du premier malheur.
✦ À penser à l'arrivée d'un raseur qui vient pour vous expliquer comment il ferait, lui, pour remettre en route votre ordinateur défaillant.
✦ À méditer avec fatalisme en constatant que la bouteille de gaz est vide, que c'est dimanche, qu'il y a une coupure d'électricité à cause de la tempête, que votre réfrigérateur est vide, que votre voiture ne veut pas démarrer, et que votre vieille douleur au coude est revenue.

AUTREMENT DIT

À qui il arrive un malheur, il en advient un autre (*Bonum spatium*, XIVe siècle). ~ Un malheureux cherche l'autre (Marguerite de Navarre, *Heptaméron*, 1559).

MALHONNÊTETÉ

Il faut rendre à César ce qui est à César, et à Dieu ce qui est à Dieu.

Aujourd'hui la pratique du « copier-coller » fait rage, et les affaires de plagiat défraient régulièrement la chronique. Utile donc de se souvenir de ce proverbe d'origine biblique (*Le Nouveau Testament*) pointant la nécessité d'attribuer à chacun ce dont il est responsable et qui lui appartient. Voici le passage où Jésus répond aux Pharisiens qui veulent savoir s'ils doivent payer l'impôt à l'empereur :

« Nous est-il permis, ou non, de payer le tribut à César ? Jésus, apercevant leur ruse, leur répondit : Montrez-moi un denier. De qui porte-t-il l'effigie et l'inscription ? De César, répondirent-ils. Alors il leur dit : Rendez donc à César ce qui est à César, et à Dieu ce qui est à Dieu. Ils ne purent rien reprendre dans ses paroles devant le peuple ; mais, étonnés de sa réponse, ils gardèrent le silence. »

MODE D'EMPLOI

À chaque fois que l'on est en présence d'une personne qui s'attribue les mérites, la réalisation de quelqu'un d'autre. Vaste programme !

AUTREMENT DIT

Chacun le sien ce n'est pas trop (Molière, *Le Malade imaginaire*, 1673). ~ Mettre la faucille dans la moisson d'autrui.

Jamais mal acquis ne profite.

Voilà un conseil judicieux de la part du poète François Villon (*Le Testament*, 1491), lui qui échappa de peu à la pendaison pour des actes de brigandage. La morale de ce proverbe développe un bel optimisme sur le triomphe de l'honnêteté.

MODE D'EMPLOI

✦ À dire aux spéculateurs de tous poils qui, par leur cynisme et leur cupidité, mettent en péril les économies, les emplois et des millions d'existences.
✦ À expliquer à la chèvre qui commence à grignoter votre tente lors de votre séjour de camping à la ferme. Réservé aux spécialistes caprins.

AUTREMENT DIT

La rivière ne grossit pas sans être trouble. ~ De diable vient, à diable ira. ~ Qui fait la faute aussi la boive (*Dicta sive proverbia volgaria*, manuscrit du XIVe siècle).

Qui veut noyer son chien l'accuse de la rage.

L'espèce canine n'a pas à redouter particulièrement ce proverbe, car il s'agit d'une image destinée à l'espèce humaine. Tous les prétextes sont bons quand on cherche à se débarrasser d'une personne même si celle-ci n'a rien à se reprocher ; la nature humaine est ainsi faite et ce n'est pas toujours « joli, joli », c'est le sens de ce proverbe extrait de *Proverbia vulgata et latina*, un manuscrit du XIIIe siècle.

MODE D'EMPLOI

Pour montrer que l'on n'est pas dupe d'une décision où la mauvaise foi est évidente. Les amateurs de philosophie grecque pourront assortir l'emploi de ce proverbe d'un « aboiement » comme le faisaient les Cyniques, de *kunos*, le chien. Ces philosophes (Diogène, par exemple) aboyaient à chaque fois qu'ils prenaient quelqu'un en flagrant délit de mensonge. Attention de ne pas finir au chenil !

AUTREMENT DIT

Vouloir trouver des taches au soleil. ~ Il n'enrage pas pour mentir. ~ Pas à pas, on va bien loin.

Qui vole un œuf vole un bœuf.

La délinquance est souvent une escalade : commettre un petit larcin peut être le début d'une suite de dérives, c'est tout le sens de ce proverbe cité par Jean-François Bladé dans son ouvrage *Proverbes et devinettes populaires recueillis dans l'Armagnac et l'Agenais* (1879). On notera que l'assonance entre « œuf » et « bœuf » tout en rapprochant les deux mots amplifie le déséquilibre de taille, signe du danger qui guette l'apprenti « voleur ».

MODE D'EMPLOI

✦ Pour passer l'éponge sur une peccadille et partir du principe qu'un mauvais pas ne conduit pas inexorablement au bord du gouffre (ou pire, dedans !).
✦ Pour ne pas passer l'éponge sur une peccadille, car l'éponge est encore toute sale de la précédente peccadille.

AUTREMENT DIT

De diable vient, à diable ira. ~ C'est un méchant métier que celui qui fait pendre son maître (Pierre-Joseph Le Roux, *Dictionnaire proverbial*, 1718).

Tel est pris qui croyait prendre.

Ou comment un rat un peu naïf et inexpérimenté se fait attraper par une huître dont il croyait faire son repas ; ce proverbe conclut la fable de La Fontaine, *Le Rat et l'Huître* (1678), en prévenant que l'on peut toujours rencontrer plus malin que soi. Au-delà de la fable, il avertit aussi qu'une ruse ou un piège peut se retourner contre son auteur.

MODE D'EMPLOI

✦ Agréable à prononcer quand on évente une manigance et que l'on observe la mine déconfite de son instigateur.

✦ Ce que dit l'arbitre au joueur qui prend un carton jaune pour avoir simulé une faute contre lui.

AUTREMENT DIT

L'arroseur arrosé. ~ Plus fin que lui n'est pas bête. ~ Le menteur doit avoir une bonne mémoire (Quintilien, *De institutione oratoria*, Ier siècle).

MALICE

On a souvent besoin d'un plus petit que soi.

Rendre service sans tenir compte d'une quelconque hiérarchie, voilà ce que nous dit ce vers proverbial tiré d'une fable de La Fontaine *Le Lion et le Rat* (1668). Manière aussi de dire qu'un jour la hiérarchie peut se renverser.

MODE D'EMPLOI

✦ Pour remettre en place un personnage arrogant. Comme les occasions ne manquent pas, attention de ne pas abuser.
✦ Pour plaisanter entre jockeys.

AUTREMENT DIT

Un bienfait n'est jamais perdu. ~ Il faut entraider : c'est la loi de la nature (La Fontaine, *L'Âne et le Chien*, 1668).

Tout flatteur vit aux dépens de celui qui l'écoute.

Cette leçon de la fable de La Fontaine *Le Corbeau et le Renard* (1668) est plus que jamais d'actualité à l'heure où la communication est le maître-mot de notre société, et où de petits et grands filous essayent de s'en servir à nos dépens.

MODE D'EMPLOI

À glisser dans une conversation de fin de repas : tout d'abord amener la discussion sur l'hypocrisie régnante, les parasites, les magouilles, etc. ; c'est un thème sur lequel tout le monde est intarissable. Puis, placer le proverbe juste avant l'arrivée du plateau de fromages et poursuivre par « Cette leçon vaut bien un fromage, sans doute » !

AUTREMENT DIT

La fourberie ajoute la malice au mensonge (La Bruyère, *Les Caractères*, 1688). ~ Le renard cache sa queue.

Un bon renard ne mange jamais les poules de son voisin.

Toutes sortes de récits (contes, fabliaux, fables, romans, saynètes) ont alimenté l'image de la ruse incarnée par le renard. Ce proverbe apporte sa contribution en suggérant qu'un individu rusé évitera de commettre un délit là où il est connu. Le constat n'est pas récent, voici la version du premier *Dictionnaire de l'Académie française* (1694) :

« On dit prov. & fig. qu'*Un bon renard ne mange point les poules de son voisin,* pour dire, que Tout homme rusé & habile, qui fait une action blasmable, la fait plustost dans un quartier esloigné, que dans les lieux de son voisinage. »

MODE D'EMPLOI

À suggérer au scénariste de film policier. C'est la scène de l'interrogatoire ; le malfaiteur nie les faits et rétorque à l'inspecteur : « Demandez à mes voisins, je suis quelqu'un de serviable et d'honnête, moi Monsieur ! » L'inspecteur lassé, et qui a des preuves de la culpabilité du prévenu, peut alors répondre : « Tu me prends vraiment pour une bille ; je sais très bien qu'un bon renard ne mange jamais les poules de son voisin ! Surprise du malfaiteur qui n'a pas lu *Nos plus beaux proverbes !*

AUTREMENT DIT

Coudre la peau du renard à celle du lion. ~ Tel croit guiller Guillot que Guillot le guille (Jean-Antoine de Baïf, *Mimes, Enseignements et Proverbes,* 1576).

MÉTÉO

Année neigeuse, année fructueuse.

Dicton lié à l'observation : en effet, la neige contient beaucoup d'oxygène favorable à la régénération de la terre ; en outre, c'est un excellent isolant qui protège les plantes des fortes gelées. Bien sûr, aujourd'hui, ce dicton rencontre un écho encore plus favorable dans le secteur des sports d'hiver. Il ne reste plus qu'à attendre les prochains flocons de l'or blanc.

MODE D'EMPLOI

Ce que pense le directeur de la station de sports d'hiver, le loueur de matériel, le restaurant d'altitude spécialisé dans les « diots aux crozets », le moniteur de ski, le cabinet médical qui se trouve en bas des pistes, le patron du Memphis Bar (ouvert toute la nuit !).

AUTREMENT DIT

Année nubileuse, année plantureuse. Années venteuse, année pommeuse.

Du temps faut parler pour propos renouveler.

Les présentatrices (-teurs) des bulletins météo sont aujourd'hui de véritables vedettes dont les oracles (pardon, les prévisions) font l'objet de toutes les attentions et commentaires. C'est que le temps qu'il a fait, qu'il fait et qu'il fera est un inépuisable sujet de conversation (ça change tout le temps). Véritable lien social, le temps permet aussi de ne pas aborder de sujet épineux, dans la mesure où tout le monde est d'accord pour dire qu'il nous échappe.

MODE D'EMPLOI

Ne pas le prononcer, seulement y penser dans les cas suivants (liste non exhaustive) :
– quand la conversation commence à s'étioler, car il permet de meubler l'autre temps, celui qui passe ;
– pour amorcer l'échange lors d'une rencontre avec des inconnus ;
– pour désamorcer un débat qui s'envenime ; intervenir avant le pugilat. Après, il n'est plus temps !

AUTREMENT DIT

En hiver partout pleut, en été là où Dieu veut. ~ Arc-en-ciel du soir, du beau temps espoir.

En avril, ne te découvre pas d'un fil - En mai, fais ce qu'il te plaît.

Le jardinier est un être circonspect qui observe le ciel et les saisons : il sait comme tout le monde que le printemps arrive en avril, mais il sait surtout que l'hiver peut décider de refaire une dernière apparition en gelant tous les bourgeons. D'où ce dicton de prudence qui invite à ne pas s'enthousiasmer trop vite et dont le « champ » d'application vaut aussi dans les autres « domaines » de la vie.

MODE D'EMPLOI

✦ Peut s'utiliser en toute saison dès que l'on veut stopper des initiatives hasardeuses ou des élans dangereux.

✦ À placer sur un panneau de revendications, lors du défilé syndical du 1er mai.

AUTREMENT DIT

Quand mars fait avril, avril fait mars. ~ L'on ne doit semer toute sa semence en un champ (*Bonum spatium*, manuscrit du XIVe siècle).

S'il pleut à la Saint-Médard, il pleut quarante jours plus tard.

Les dictons liés au temps qu'il fait sont nombreux ; ils illustrent souvent la place occupée par l'agriculture et le monde paysan dans l'histoire d'un pays. La légende de Saint-Médard en fait un personnage protégé de la pluie, fêté le 8 juin à l'approche de l'été et de ses beaux jours propices aux cultures. Mais si cette protection divine ne lui est pas accordée le jour de sa fête, les paysans craignent pour leur récolte. Heureusement cette météorologie divine a tout prévu ; d'autres saints peuvent entrer en action, en voici un à l'œuvre :

S'il pleut à la Saint Médard,
Il pleut quarante jours plus tard.
À moins que Saint Barnabé
Ne lui casse le nez.

MODE D'EMPLOI

✦ C'est le 8 juin : il pleut. Soyez optimiste, vous savez que saint Barnabé peut intervenir et que l'anticyclone des Açores est plutôt fort et bien placé cette année.

✦ C'est le 8 juin : il ne pleut pas. Soyez prudent, ne criez pas trop tôt victoire, mais profitez !

AUTREMENT DIT

S'il pleut à la Saint-Médard, le quart des biens est au hasard. ~ Si Saint-Médard est un grand pissard, Saint-Barnabé, Dieu soit loué lui reboutonnera la culotte.

MÉTIERS

C'est au pied du mur que l'on connaît le maçon.

Ce proverbe nous donne au moins deux leçons : la première, que la qualité d'un travail en dit long sur celui qui l'accomplit ; la seconde, que c'est devant un travail à accomplir que se révèle les capacités et les compétences. Tout le monde sera donc d'accord pour admettre que la métaphore de la formule ne concerne pas uniquement le bâtiment !

MODE D'EMPLOI

✦ Au premier degré, devant l'auge de ciment et les parpaings destinés à la fabrication du mur de votre garage (laissons la maison aux professionnels, n'est-ce pas ?).

✦ Au second degré, au petit malin qui prétend tout faire mieux que les autres.

AUTREMENT DIT

À l'œuvre, on connaît l'Artisan (La Fontaine, *Les Frelons et les Mouches à miel*, 1668). ~ Il n'est pas bon maçon qui pierre refuse.

Chacun son métier, les vaches seront bien gardées.

C'est la conclusion de la fable *Le Vacher et le Garde-chasse* (1792) de Jean-Pierre Claris de Florian. Colin, un jeune berger, confie ses vaches à un garde-chasse fatigué et part à la chasse à sa place. Le garde-chasse s'endort. Le troupeau est volé. Colin rentre bredouille. Proverbe pour inciter chacun à faire ce qu'il sait faire. Quant à Colin voilà ce qu'il lui en coûte de l'avoir oublié :

« Colin retourne chez son père,
Et lui conte en tremblant l'affaire.
Celui-ci, saisissant un bâton de cormier,
Corrige son cher fils de ses folles idées ;
Puis lui dit : Chacun son métier,
Les vaches seront bien gardées. »

MODE D'EMPLOI

✦ À dire à une personne qui veut vous montrer comment faire et n'y connaît absolument rien.

✦ Y songer en prenant son café du matin au bistrot du coin où « Paulo la science » explique à « Dédé la Riflette » que lui, s'il était président ça ne se passerait pas comme ça. Puis, il sort, reprend son caddie où sont toutes ses affaires et repart s'installer là où il vit, sous l'arche du pont…

AUTREMENT DIT

Si les chats gardent les chèvres, qui attrapera les souris ? ~ Il a la main bonne pour chanter et la voix pour écrire.

Il n'y pas de sots métiers, il n'y a que des sottes gens.

Ce proverbe, collecté par Antoine Le Roux de Lincy dans son *Livre des proverbes français* (1859), rappelle que chaque métier a son utilité ; si une personne manifeste de la condescendance ou du mépris pour tel ou tel métier, c'est elle qui devient méprisable.

MODE D'EMPLOI

✦ Dans une réunion mondaine, pour clouer le bec à un foutriquet qui parle avec dédain d'un métier qu'il trouve inintéressant.
✦ À l'adresse d'un intellectuel qui se moque d'un métier manuel.
✦ À l'adresse d'un travailleur manuel qui se moque des intellectuels.

AUTREMENT DIT

Il n'y a si petit métier qui ne nourrisse son maître (Abbé Tuet, *Matinées sénonaises ou Proverbes français*, 1789). ~ Soyez plutôt maçon si c'est votre talent (Boileau, *Art poétique*, 1674).

Le journalisme mène à tout à condition d'en sortir.

Pensée de Jules Janin (1804-1874) qui parlait en connaissance de cause, car il commença par être journaliste avant de devenir écrivain et de finir à l'Académie française. Évidemment l'ironie de la formule présente le journalisme comme une simple porte d'entrée dans le monde.

MODE D'EMPLOI

✦ Pour un DRH de journal qui veut se séparer d'un collaborateur.

✦ Y penser quand un journaliste expert en économie vient nous expliquer que les prix ont augmenté de 3 % et que donc, à son avis, probablement, et compte tenu des analyses prospectives d'instituts américains (les instituts sont toujours américains), on peut affirmer sans crainte de se tromper que la vie sera plus chère…

AUTREMENT DIT

Belle montre et peu de rapport. ~ Crier au lard sur quelqu'un. ~ C'est un homme et puis c'est tout.

Mauvais ouvrier ne trouve jamais bon outil.

Comme il faut un responsable, c'est plus commode de mettre en cause le matériel que d'avouer un manque de savoir-faire ou une négligence ; voilà ce que nous dit ce proverbe cité dans un manuscrit du XIVe siècle, *Proverbes rurauz et vulgauz.*

MODE D'EMPLOI

✦ Pour calmer (un peu) son exaspération devant un travail saboté.
✦ À dire à l'artisan qui vous explique que c'est un peu de travers, mais que c'était difficile de faire mieux compte tenu des matériaux utilisés…

AUTREMENT DIT

Le mauvais ouvrier a toujours de mauvais outils. ~ Il est sorcier comme une vache.

MORT

Autant en emporte le vent.

Ici, il ne s'agit ni du roman de l'écrivain américain Margaret Mitchell, paru en 1936, ni de son adaptation au cinéma (1939) par Victor Fleming, mais d'un vers de la *Ballade en vieux français extraite du Testament* (1461) de François Villon. Le poète s'y interroge sur la précarité de la condition humaine. Expression devenue proverbiale pour exprimer la vanité de toute chose, elle clôt la fin de chaque strophe et l'envoi que voici :

« Les princes même sont mortels
Tout comme les autres vivants,
Qu'ils en souffrent ou se querellent,
Autant en emporte le vent. »

MODE D'EMPLOI

✦ Pour relativiser les petites et grandes contrariétés de la vie.

✦ Pour se moquer d'un personnage qui joue l'important ; il peut l'être, mais à la fin, comme tout le monde, pfuitt !

AUTREMENT DIT

Il a la mort entre les dents. ~ À la mort nul n'est fort. ~ On ne meurt qu'une fois. ~ Contre la mort, il n'y a point de médecine.

On ne meurt qu'une fois, et c'est pour si longtemps.

Petit rappel de la condition humaine faite par le valet Mascarille à son maître Valère qui projette d'aller se battre dans *le Dépit amoureux*, (1656), pièce de Molière. Mais le valet prend soin de faire précéder ce constat d'une exclamation sur le bonheur d'exister : « Eh ! Monsieur, mon cher maître, il est si doux de vivre ! »

MODE D'EMPLOI

✦ Pour remonter le moral d'un dépressif.

✦ Pour se convaincre qu'on a bien eu raison de ne pas tenter ce saut à l'élastique.

AUTREMENT DIT

Le vif a peu d'amis et le mort n'en a point. ~ On n'a point pour la mort de dispense de Rome (Molière, *L'Étourdi*, 1653).

Plutôt souffrir que mourir, c'est la devise des hommes.

La mort fait peur et nous sommes prêts à n'importe quel sacrifice pour l'éloigner le plus longtemps possible ; c'est ce que nous rappelle La Fontaine dans sa fable *La Mort et le Bûcheron* (1668) en y ajoutant un trait d'ironie amère :

« Le trépas vient tout guérir ;
Mais ne bougeons d'où nous sommes :
Plutôt souffrir que mourir,
C'est la devise des hommes. »

MODE D'EMPLOI

✦ Pour s'aider à se lever certains matins.
✦ Pour justifier de rester coucher certains matins.
✦ Pour se dire qu'on a bien raison en contemplant un magnifique coucher de soleil sur l'île Verte (Finistère sud).

AUTREMENT DIT

On a divers sujets de mépriser la vie, mais on n'a jamais raison de mépriser la mort (La Rochefoucauld, *Réflexions ou Sentences et Maximes*, 1665). ~ Il y a remède à tout, sauf à la mort.

Tout lasse, tout casse, tout passe.

On ne peut pas dire que ce proverbe médiéval soit d'une folle gaieté. Il souligne avec insistance l'aspect éphémère de toute chose, manière détournée de nous rappeler aussi notre condition de mortel. Nous n'avons pas le choix, c'est ainsi, nous sommes dans la « nasse » !

MODE D'EMPLOI

✦ À oublier les jours de spleen, sauf si on aime les assonances en « asse ».
✦ Pour garder son calme devant les inepties que débite un proche lors d'un repas de famille. S'évader en cherchant des mots finissant par -asse (suffixe péjoratif !).

AUTREMENT DIT

Chaque heure fait sa plaie, Et la dernière achève (Théophile Gautier, *España*, *L'Horloge*, 1845). ~ Les jours se suivent et ne se ressemblent pas.

Vieillir est ennuyeux, mais c'est le seul moyen que l'on ait trouvé de vivre longtemps.

Ou comment dire sur le ton du joyeux paradoxe, et sans trop y croire, l'aspiration d'échapper à notre condition humaine. C'est la formule trouvée par Sainte-Beuve (1804-1869), et reprise par Anatole France dans son roman, *Le Crime de Sylvestre Bonnard* (1881).

MODE D'EMPLOI

✦ S'en rappeler en découvrant son premier cheveu blanc.

✦ En regardant les dizaines de bougies qui « nappent » le gâteau d'anniversaire d'un proche. Un véritable incendie !

AUTREMENT DIT

C'est grand-peine d'être vieux, mais ne l'est pas qui veut (Gabriel Meurier, *Sentences notables, Adages et Proverbes,* 1568). ~ Choisir entre la peste et le choléra.

NATURE

Chassez le naturel, il revient au galop.

On a beau faire, c'est toujours le fonds de son caractère qui reprend le dessus ; c'est le sens de ce proverbe tiré de la comédie *Le Glorieux* (1732) de Destouches. Il n'y a rien à faire, c'est comme cela ; d'ailleurs, Lisette, la femme de chambre (mais aussi d'expérience !) qui fait cette remarque au jeune homme Valère, a auparavant constaté :
« Je ne vous dirai pas, changer de caractère,
Car on n'en change point, je ne le sais que trop [...] »

MODE D'EMPLOI

✦ Pour redonner le moral à un jockey qui vient de perdre une course pourtant à sa portée.
✦ À méditer devant une boîte de lasagnes surgelées indiquant 100 % viande de bœuf...

AUTREMENT DIT

Jamais bon cheval ne devint rosse (Noël du Fail, *Les Balivernes d'Eutrapel*, 1548). ~ On ne peut faire une buse d'un épervier (*Roman de la Rose*, XIIIe siècle).

La nature a horreur du vide.

Natura abhorret vacuum autrement dit ! Cette formule célèbre rappelle la croyance de la physique ancienne qui niait l'existence du vide et considérait que lorsque quelqu'un ou quelque chose part ou disparaît, son remplacement est immédiatement assuré. Rabelais a repris à son compte ce proverbe pour le détourner dans *Gargantua* (1534) où un personnage l'emploie pour justifier sa goinfrerie et se remplir l'estomac.

MODE D'EMPLOI

✦ Pour rester dans la ligne rabelaisienne et reprendre pour la troisième fois de la charlotte aux poires.
✦ Pour expliquer à votre conjoint pourquoi vous avez fait tous ces achats. Aucune garantie.

AUTREMENT DIT

La nature ne fait rien sans objet (Aristote, *Politique*, IVe siècle av. J.-C.) ~ La nature peut tout et fait tout (Montaigne, *Essais*, 1580).

La nature peut tout et fait tout.

Chacun possède des qualités naturelles qu'il faut savoir employer et transformer en compétences dans la vie. Quant aux défauts (oui, cela existe aussi), il faut les oublier. C'est la voie à suivre que nous suggère Montaigne (*Les Essais*, 1580) en citant Platon :
« La principale ordonnance de Platon en sa République, c'est donner à ses citoyens selon leur nature leur charge. La nature peut tout et fait tout. Les boiteux sont malpropres aux exercices du corps et aux exercices de l'esprit les âmes boiteuses. »

MODE D'EMPLOI

✦ Pour remonter le moral d'une personne qui ne voit pas la vie en rose.

✦ Pour tenter de dissuader une personne en surcharge pondérale (grosse donc !) de se lancer dans une épreuve sportive où sveltesse, agilité et rapidité sont exigées.

AUTREMENT DIT

On ne change pas le plomb en or. ~ On ne peut faire une buse d'un épervier (*Roman de la Rose*, XIIIe siècle).

Le monde est une sphère dont le centre est partout, la circonférence nulle part.

Maxime abyssale de Pascal (*Pensées*, 1670) pour essayer de nous faire approcher l'idée de l'infini. Un peu plus loin, il augmente encore notre vertige :
« Car enfin qu'est-ce que l'homme dans la nature ? Un néant à l'égard de l'infini, un tout à l'égard du néant, un milieu entre rien et tout. Infiniment éloigné de comprendre les extrêmes, la fin des choses et leur principe sont pour lui invinciblement cachés dans un secret impénétrable, également incapable de voir le néant d'où il est tiré, et l'infini où il est englouti. ». Ouf !

MODE D'EMPLOI

✦ Pour rester modeste.
✦ Pour se rappeler d'être content d'être là et de le savoir : en contemplant un coucher de soleil sur une île des Kornati (Croatie) ; au sommet d'une montagne, après avoir grimpé pendant cinq heures ; en regardant la rosée du matin qui fait la funambule sur un fil d'araignée…

AUTREMENT DIT

Il faut de tout pour faire un monde. ~ Le monde est rond ; qui ne sait nager va au fond (Gabriel Meurier, *Trésor des sentences*, 1568).

Négociations

Il faut ménager la chèvre et le chou.

Ce proverbe à l'origine incertaine (on trouve aussi son exact contraire, « on ne peut pas ménager la chèvre et le choux » !) traduit la nécessité de concilier parfois des intérêts opposés. Gageure ? Retenons la version ludique du peintre et auteur dramatique Carmontelle dans ses *Proverbes dramatiques* (1774-1781) :

« Voilà l'origine de cette façon de parler proverbiale : elle a donné lieu à une question propre à éprouver la sagacité de l'esprit humain. Un homme étant dans un bateau sur le bord d'une rivière, veut passer à l'autre rive un loup, un chou et une chèvre, sans qu'il puisse prendre plus d'un de ces objets à la fois. On demande lequel des trois il transportera le premier, sans crainte que durant l'un de ses passages, le loup mange la chèvre ou que la chèvre mange le chou. Passera-t-il le loup le premier, voilà le chou en proie à la chèvre ? Prendra-t-il le chou ? Le loup aura dévoré la chèvre avant qu'il revienne ? Donnera-t-il la préférence à la chèvre, il tombe dans le même embarras pour le voyage suivant ; et pendant qu'il viendra chercher ce qu'il aura gardé pour le troisième, la chèvre ou le chou seront croqués. Il y a néanmoins un moyen. Quel est-il ? C'est de prendre la chèvre seule au premier voyage. Le chou demeure avec le loup qui n'y touche pas. Au second, il prend le chou et ramène la chèvre au lieu de laquelle il passe le loup qui, étant transporté à l'autre bord auprès du chou, n'y fera aucun dommage : enfin pour

dernier voyage, il revient prendre la chèvre qui étant demeurée seule, ne pouvait courir aucun risque.
C'est en suivant ce proverbe que bien des gens ont eu le bonheur de traverser sans encombre le torrent de la Révolution qui entraînait tout, et de parvenir même aux premières "dignités" de l'État… »

MODE D'EMPLOI

✦ À garder à l'esprit à une table de négociations.
✦ Pour les parents qui ont à affronter la crise d'adolescence du petit dernier.
✦ Pour garder le sourire et un ton affable malgré les petites piques de la belle-mère… L'attribution du rôle du chou et de la chèvre est laissée à l'initiative de l'utilisateur.

AUTREMENT DIT

Mieux vaut subtilité que force. ~ Faute de bois, le feu s'éteint. ~ Mieux vaut plier que rompre.

La société serait une chose charmante si l'on s'intéressait les uns aux autres.

Petite piqûre de rappel de Chamfort (*Caractères et Anecdotes*, 1796) à l'égoïsme et aux faux-semblants qui animent la société humaine et appel à vivre en considérant vraiment autrui. Vaste programme !

MODE D'EMPLOI

✦ Dans une réunion où les conversations partent dans tous les sens.
✦ À lancer au cours d'un repas au restaurant avec les amis lorsque deux d'entre eux se mettent à consulter leur smartphone.

AUTREMENT DIT

Chacun pour tous et Dieu pour soi (Auguste Detoeuf, *Propos de O.-L Barenton, confiseur*, 1937). ~ Qu'il est difficile d'être content de quelqu'un (La Bruyère, *Les Caractères*, 1688).

Les querelles ne dureraient pas si longtemps, si le tort n'était que d'un côté.

Voilà une sentence de La Rochefoucauld (*Réflexions ou Sentences et Maximes morales*, 1665) qui souligne à quel point la réalité est toujours complexe et que, dans un différend entre deux personnes, les responsabilités sont souvent partagées. Manière de pointer la mauvaise foi qui veille au grain pour entretenir la querelle…

MODE D'EMPLOI

✦ Pour tenter un rapprochement dans un conflit qui dure.

✦ Y songer en écoutant les arguments avancés par les uns et les autres dans tous les conflits qui agitent notre planète.

AUTREMENT DIT

Il ne faut pas jeter d'huile sur le feu. ~ Mettre de l'eau dans son vin.

Passez-moi la rhubarbe, je vous passerai le séné.

Rhubarbe et séné, deux puissants purgatifs à la mode à l'époque de Louis XIV. Ce proverbe trouve probablement sa source dans *L'Amour médecin* (1665) de Molière où des médecins, après s'être querellés sur le bon remède à appliquer, se mettent finalement d'accord. Ainsi, dans la vie, il est toujours possible de faire des concessions, y compris entre deux « purges ».

« M. Tomès : Vous avez raison en tout ce que vous dites ; mais ce sont chaleurs de sang, dont parfois on n'est pas le maître.

M. Filerin : Allons donc, Messieurs, mettez bas toute rancune, et faisons ici votre accommodement.

M. des Fonandrès : J'y consens. Qu'il me passe mon émétique pour la malade dont il s'agit, et je lui passerai tout ce qu'il voudra pour le premier malade dont il sera question.

M. Filerin : On ne peut pas mieux dire, et voilà se mettre à la raison. »

MODE D'EMPLOI

À dire à un esprit tatillon avec qui vous décidez de lâcher du lest sur un point de détail pour abréger la discussion qui s'éternise ; en espérant qu'il saisisse le message subliminal des « purges »…

AUTREMENT DIT

Il ferait enrager la bête et les marchands. ~ Ce qu'on ne peut empêcher, il faut le vouloir. ~ Les beaux esprits se rencontrent (Voltaire, *Lettre à M. Thiériot*, 1760).

OFFENSE

Hon(n)i soit qui mal y pense.

Parmi nos plus beaux proverbes français, celui-ci est anglais et invite à ne pas médire et à ne pas s'empresser de juger selon les apparences. Il s'agit de la devise de l'ordre de la Jarretière, (sur l'emblème « Honni » s'écrit avec un seul « n ») ordre de chevalerie créé en 1348 par Édouard III, roi d'Angleterre. La légende raconte que, lors d'un bal à Calais, la comtesse de Salisbury, sa maîtresse, aurait fait tomber sa jarretière en dansant. Le roi la ramassa sous les rires des courtisans. Fâché, il la mit à son genou et s'adressa aux rieurs :
« Messieurs, honni soit qui mal y pense. Ceux qui rient maintenant seront très honorés d'en porter une semblable, car ce ruban sera mis en tel honneur que les railleurs eux-mêmes le chercheront avec empressement. »

MODE D'EMPLOI

À prononcer avec une pointe d'accent en ramassant sur la piste du Memphis Bar une boîte de préservatifs tombée de la poche d'un danseur.

AUTREMENT DIT

On n'est jamais sali que par la boue. ~ La bave du crapaud n'atteint pas la blanche colombe. ~ Si tu dis des injures, tu en entendras (Plaute, *L'Imposteur,* IIe siècle av. J.-C.).

Les injures sont les raisons de ceux qui ont tort.

Voilà une façon élégante de réduire la portée d'une agression verbale ; ce précepte est souvent attribué à Fénelon (1651-1715), homme d'église mais aussi écrivain et fin pédagogue. Retenons donc sa formule apaisante.

MODE D'EMPLOI

✦ Pour clore un débat avec un personnage grossier.
✦ Utile pour se convaincre d'avoir eu raison de ne pas descendre de sa voiture avec son cric pour expliquer les règles de conduite à l'automobiliste (appelons-le comme cela) qui, non content de vous avoir fait une queue de poisson pour gagner une place dans l'embouteillage, vous a fait un geste grossier avec son majeur. Rappel : le cric ne sert qu'à soulever la voiture pour changer sa roue…

AUTREMENT DIT

Les injures s'écrivent sur l'airain et les bienfaits sur le sable. ~ Donner un tour de peigne à quelqu'un.

On ne pardonne point à qui nous fait rougir.

Il y a des limites à ne pas franchir ; si celles-ci sont franchies, on s'en rappelle durablement et la rancune reste une braise ardente. C'est ce que rappelle ce vers extrait de la pièce *Mélanie* (1776), œuvre du poète Jean-François de La Harpe, ami de Voltaire.

MODE D'EMPLOI

Pour signifier à un goujat que vous avez bien mémorisé son comportement et que vous saurez vous en souvenir au moment opportun.

AUTREMENT DIT

La mule du pape garde sept ans son coup de pied (Alphonse Daudet, *Lettres de mon moulin*, « La Mule du Pape », 1869). ~ Qui se laisse outrager mérite qu'on l'outrage (Corneille, *Héraclius*, 1647).

Plus l'offenseur est cher, et plus grande est l'offense.

Ah ! Quand les affaires de famille se mêlent aux affaires d'honneur, comme dans cet alexandrin tiré du *Cid* (1636) de Corneille. Pas facile à régler. Surtout si le père, Don Diègue, demande à son fils Rodrigue, d'aller tuer son futur beau-père, Don Gomès ! Sacré dilemme pour le jeune homme. Mais que répondre à une telle injonction ?

« Ne réplique point, je connais ton amour,
Mais qui peut vivre infâme est indigne du jour ;
Plus l'offenseur est cher, et plus grande est l'offense.
Enfin tu sais l'affront, et tu tiens la vengeance :
Je ne te dis plus rien. Venge-moi, venge-toi [...] »

MODE D'EMPLOI

À dire (si c'est possible) à un automobiliste indélicat (on peut en rencontrer) qui s'installe sans vergogne à la place de parking que vous vous apprêtiez à prendre. Lui faire comprendre qu'évidemment c'est une antiphrase (là, cela risque d'être un peu plus compliqué, sinon, il reste le classique, mais grossier, « espèce de connard », plus direct mais moins cornélien).

AUTREMENT DIT

Je vous mangerai avec un grain de sel. ~ Plus sot, plus insolent. ~ Il faut lui fendre les pieds et l'envoyer paître.

Qui pardonne aisément invite à l'offenser.

Là, on ne plaisante pas ! Cet alexandrin, qui met en évidence la difficulté d'être magnanime sans passer pour un faible, intervient pendant une grosse colère d'Auguste contre Cinna, chef d'un complot contre l'empereur dans la tragédie de Corneille, *Cinna, ou la clémence d'Auguste* (1640). Auguste, lassé de la violence continuelle, s'interroge et craint de passer pour faible s'il « passe l'éponge ». Un petit extrait de cette colère impériale :

« Quelle fureur, Cinna, m'accuse et te pardonne,
Toi, dont la trahison me force à retenir
Ce pouvoir souverain dont tu me veux punir,
Me traite en criminel, et fait seule mon crime,
Relève pour l'abattre un trône illégitime,
Et, d'un zèle effronté couvrant son attentat,
S'oppose, pour me perdre, au bonheur de l'État ?
Donc jusqu'à l'oublier je pourrais me contraindre !
Tu vivrais en repos après m'avoir fait craindre !
Non, non, je me trahis moi-même d'y penser :
Qui pardonne aisément invite à l'offenser ;
Punissons l'assassin, proscrivons les complices. »

MODE D'EMPLOI

À prononcer en respectant les douze syllabes de l'alexandrin et en fixant droit dans les yeux la personne à qui vous pardonner, de manière à ce qu'elle comprenne qu'elle n'est pas invitée à recommencer, sinon gare !

AUTREMENT DIT

Qui se laisse outrager mérite qu'on l'outrage (Corneille, *Héraclius*, 1647). ~ Le pardon léger fait recommencer en péché.

Optimisme

Après la pluie, le beau temps.

La métaphore du temps (celui qu'il fait) est souvent utilisée pour exprimer les vicissitudes de la vie (coup de tempête, orage, tonnerre, foudre, déluge ; éclaircie, arc-en-ciel, coin de ciel bleu, embellie, beau fixe, etc.). Ce proverbe s'inscrit dans cette tradition pour inciter à prendre la vie avec optimisme malgré ses aléas. Pour s'en convaincre, on peut lire (ou relire !) le roman de la comtesse de Ségur qui porte ce titre : deux jeunes héros (Geneviève et Georges) y vivent toutes sortes de malheurs avant un épilogue heureux.

MODE D'EMPLOI

Votre fracture du bras est guérie ; votre voiture est revenue du garage après les réparations liées à l'accident (la fracture de votre bras !) ; vos impôts sont payés ; vous n'avez pas été licencié à la suite du plan social de votre entreprise ; votre voisin pénible qui gênait tout le quartier avec sa musique mise à fond vient de déménager ; c'est le moment de faire une pause, de vous installer confortablement avec la boisson de votre choix et de dire avec soulagement : « après la pluie, le beau temps. »

AUTREMENT DIT

Les jours se suivent et ne se ressemblent pas. ~ Tant qu'il y a de la vie, il y a de l'espoir.

Rire est le propre de l'homme.

À la suite d'Aristote qui avait constaté que : « l'homme est le seul animal qui ait la faculté de rire » (*Parties des Animaux*), Rabelais – auteur joyeux, donc sérieux – ouvre son roman *Gargantua* (1534) par cette formule, invitation au bonheur. Pour le plaisir :

« AUX LECTEURS :
Amis lecteurs, qui ce livre lisez,
Despouillez vous de toute affection ;
Et, le lisant, ne vous scandalisez :
Il ne contient mal ne infection ;
Vray est qu'icy peu de perfection
Vous apprendrez, si non en cas de rire ;
Aultre argument ne peut mon cueur elire,
Voyant le dueil qui vous mine et consomme
Mieulx est de ris que de larmes escripre,
Pour ce que rire est le propre de l'homme. »

MODE D'EMPLOI

✦ À rappeler aux mines sérieuses en costumes sombres qui font de la vie une sombre histoire.

✦ Pour dégeler l'atmosphère dans un dîner en ville : ensuite évoquer votre passion pour les « Prolègomènes » de Kant et le sketch de « l'auto-stoppeur » de Coluche. Miser sur le grand écart. Si rien ne passe, il est temps de prendre congé.

AUTREMENT DIT

La vérité est dans le rire (Mme de Girardin, *Lettres parisiennes*, 1837). ~ La plus perdue de toutes les journées c'est celle où l'on n'a pas ri (Chamfort, *Maximes et Réflexions*, XVIIIe siècle).

Tout est pour le mieux dans le meilleur des mondes possibles.

Notre système scolaire rend presque impossible d'échapper à cette maxime du conte philosophique de Voltaire, *Candide, ou l'optimisme* (1759), qui dénonce une conception naïve et fataliste du monde et de ses malheurs (en l'occurrence celle du philosophe Leibnitz, dans ses *Essais de Théodicée* de 1710). Alors pour ceux qui auraient été absents ce jour-là, voici une séance de rattrapage qui contient la première charge contre cette idée :

« Pangloss enseignait la métaphysico-théologo-cosmolo-nigologie. Il prouvait admirablement qu'il n'y a point d'effet sans cause, et que, dans ce meilleur des mondes possibles, le château de monseigneur le baron était le plus beau des châteaux, et madame la meilleure des baronnes possibles. "Il est démontré, disait-il, que les choses ne peuvent être autrement : car tout étant fait pour une fin, tout est nécessairement pour la meilleure fin. Remarquez bien que les nez ont été faits pour porter des lunettes ; aussi avons-nous des lunettes. Les jambes sont visiblement instituées pour être chaussées, et nous avons des chausses. Les pierres ont été formées pour être taillées et pour en faire des châteaux ; aussi monseigneur a un très-beau château : le plus grand baron de la province doit être le mieux logé ; et les cochons étant faits pour être mangés, nous mangeons du porc toute l'année. Par conséquent, ceux qui ont avancé que tout est bien ont dit une sottise : il fallait dire que tout est au mieux." »

MODE D'EMPLOI

✦ Pour commenter les informations catastrophiques du journal de 20 h 00.

✦ En recevant son avis d'imposition.

✦ En écoutant avec soulagement, le chirurgien vous dire que finalement vous n'avez eu que les deux jambes fracturées dans l'accident de voiture ; les mains n'ont rien, juste une foulure du poignet.

AUTREMENT DIT

Il faut puiser tant que la corde est au puits. ~ Les fées se sont perchées sur son berceau. ~ Après la pluie, le beau temps.

ORDRE & DÉSORDRE

C'est la cour du roi Pétaud.

Au Moyen Âge, les mendiants élisaient un roi de parodie, le roi Pétaud, qui régnait sans aucun pouvoir sur une cour anarchique où chacun était maître de faire ce que bon lui semblait (cela a donné la « pétaudière », lieu où règne un désordre complet). Rabelais dans le *Tiers Livre* (1546) évoque le personnage du roi Pétaud ; quant à sa cour, elle apparaît dans l'ouvrage collectif la *Satyre Ménippée* (1594) ; le proverbe est cité par Molière dans *Le Tartuffe* (1667) :

« MADAME PERNELLE
Oui, je sors de chez vous fort mal édifiée :
Dans toutes mes leçons j'y suis contrariée,
On n'y respecte rien, chacun y parle haut,
Et c'est tout justement la cour du roi Pétaud. »
(Acte I, scène 1).

MODE D'EMPLOI

Pour qualifier certaines séances parlementaires du mercredi après-midi retransmises à la télévision. Certains débats politiques peuvent convenir aussi.

AUTREMENT DIT

Un beau désordre est un effet de l'art (Nicolas Boileau, *Art poétique*, 1674). ~ Il faut faire de l'ordre avec du désordre (Marc Caussidière, parlementaire français, 1808-1861).

Contre la médisance, il n'est point de rempart.

À l'heure où l'information circule à toute vitesse, propageant – sans distinction – vraies nouvelles, manipulations, erreurs et rumeurs, retenons encore davantage la leçon de cet alexandrin moliéresque (*Le Tartuffe*, 1670) : ne pas perdre en vain son énergie à se tourmenter de ce que l'on peut dire sur vous et suivre le conseil de Cléante à Mme Pernelle :

« Hé ! voulez-vous, Madame, empêcher qu'on ne cause ?
Ce serait dans la vie une fâcheuse chose,
Si pour les sots discours où l'on peut être mis,
Il fallait renoncer à ses meilleurs amis.
Et quand même on pourrait se résoudre à le faire,
Croiriez-vous obliger tout le monde à se taire ?
Contre la médisance il n'est point de rempart.
À tous les sots caquets n'ayons donc nul égard ;
Efforçons-nous de vivre avec toute innocence,
Et laissons aux causeurs une pleine licence. »

MODE D'EMPLOI

- Pour relativiser l'opinion d'autrui et prendre la vie du bon côté.
- Pour s'intéresser aux gens intéressants et aux choses intéressantes.

AUTREMENT DIT

Jeter la pierre et cacher le bras. ~ On n'est jamais sali que par la boue.

Jeux de mains, jeux de vilains.

Ici les vilains (du latin *villanus*, habitant de la campagne) sont les paysans libres au Moyen Âge. À l'origine, le dicton illustrait le mépris des nobles qui réglaient leur différends par des duels à l'épée, alors que les vilains étaient supposés le faire avec leurs seules mains. Aujourd'hui, la formule est surtout utilisée pour stopper une dispute entre enfants ou pour évoquer des caresses érotiques.

MODE D'EMPLOI

✦ Pour un commentateur d'un match de boxe : essayer de placer trois fois le dicton lors d'un combat.
✦ *Idem* pour un commentateur d'un match de football.

AUTREMENT DIT

Il ne faut pas jeter de l'huile sur le feu. ~ Se manger le blanc des yeux.

Nécessité fait loi.

Tout n'est pas prévisible et nous savons qu'une surprise peut être bonne ou mauvaise (enfin, tout le monde préfère « bonne »), dès lors il faut savoir accepter une mesure exceptionnelle en accord avec la circonstance inattendue ; de cela nous sommes prévenus depuis fort longtemps comme en témoigne ce proverbe d'origine latine que l'on retrouve dès le XIIe siècle dans le *Traité sur le précepte et la dispense* de saint Bernard sous cette forme : « la nécessité n'a pas de loi et excuse la dispense. »

MODE D'EMPLOI

✦ Ce proverbe est comme un explosif, il doit être manipulé avec précaution. Ainsi, il peut devenir extrêmement dangereux s'il est utilisé par une personne autoritaire ou qui cherche à imposer son point de vue en le présentant comme incontournable. Dans la bouche d'un dictateur, c'est clairement une menace contre la liberté. Donc se méfier…

✦ Si vous le prononcez : pour expliquer pourquoi ce sera « pâtes » pour tout le monde, car vous avez oublié de faire les courses.

AUTREMENT DIT

« *Dura lex, sed lex* » (La loi est dure, mais c'est la loi). ~ Les lois doivent leurs forces aux mœurs (Helvétius, *Maximes et Pensées*, 1715-1771).

Un abîme appelle un abîme.

Ce proverbe d'origine biblique n'est guère encourageant : il signifie que lorsque tout va mal, tout va mal. On perd ses repères, le désordre s'installe et c'est la loi des séries qui enchaîne son lot de malheurs.

MODE D'EMPLOI

✦ Y penser en écoutant l'interview de certains joueurs de football professionnel, de niveau international si possible (ce sont les meilleurs !).

✦ À utiliser comme solution de remplacement à l'expression « tomber de Charybde en Scylla » pour éviter la question : « c'est qui Charybde, c'est qui Scylla ? »

AUTREMENT DIT

Une petite étincelle suffit à incendier une forêt. ~ Cheval courant, sépulture ouverte. ~ Un malheur n'arrive jamais seul.

Patience

Il faut donner du temps au temps.

À une époque où la vitesse est valorisée et la lenteur considérée souvent comme un défaut, la patience est une vertu qui a du mal à trouver sa place, notamment dans le domaine politique où l'idée du changement est un véritable leitmotiv. Pourtant, c'est un président de la République, François Mitterrand qui semble avoir popularisé cet adage dont on trouve plusieurs traces dans la littérature… espagnole, et notamment dans le *Don Quichotte* (1605) de Miguel Cervantes ; ainsi ce passage où son valet Sancho fait semblant de se fouetter :
« Don Quichotte, attendri, craignant d'ailleurs qu'il n'y laissât la vie et que l'imprudence de Sancho ne vînt à tout perdre, lui dit alors : "Au nom du ciel, ami, laisses-en là cette affaire ; le remède me semble bien âpre, et il sera bon de donner du temps au temps". »

MODE D'EMPLOI

À chantonner en se préparant un cocktail de fruits (ou d'autre chose, personne n'ira vérifier ce qu'il y a dans votre verre), avant de se réinstaller dans son hamac en bord de plage.

AUTREMENT DIT

Le moment où je parle est déjà loin de moi (Boileau, *Épîtres*, 1673).
~ Il faut faire vie qui dure.

Il ne faut pas aller plus vite que la musique.

La musique se joue à partir d'une partition avec des mesures et un tempo, l'ignorer c'est aller vers la cacophonie ! Prendre son temps, ne pas se précipiter, faire les choses les unes après les autres en évitant de se disperser, autant de bons conseils qui sont contenus dans cet adage. Il existe une variante québécoise « Il ne faut pas aller plus vite que le violon », ce dernier étant réputé l'instrument le plus rapide de l'orchestre.

MODE D'EMPLOI

À méditer après être parti précipitamment de chez soi et en s'apercevant au bout d'une demi-heure, coincé(e) dans un embouteillage, qu'on a oublié :
– le dossier important pour la réunion du matin,
– son téléphone,
– de faire le plein d'essence alors que le clignotant de la jauge indique que ce sera bientôt la panne sèche…

AUTREMENT DIT

Ne pas mettre la charrue avant les bœufs. ~ Qui trop se hâte s'empêche (*Incipiunt proverbai vulgalia et latina*, manuscrit du XIIIe siècle).

Le lièvre revient toujours à son gîte.

Le monde animal est souvent convoqué pour décrire les comportements humains. C'est le cas ici pour signifier que pour « mettre la main » sur quelqu'un qui ne cherche pas spécialement à vous rencontrer (par exemple, il vous doit de l'argent), il suffit d'être patient : à un moment ou à un autre, on le trouvera chez lui. Ce proverbe est cité dans *le Dictionnaire comique, satyrique, critique, burlesque, libre et proverbial* de Philippe-Joseph

Le Roux (1718) avec la définition suivante : « Tôt ou tard on attrapera un homme à une maison certaine. »

MODE D'EMPLOI

✦ Pensée de l'inspecteur de police en « planque » depuis plusieurs heures à côté de la maison d'un prisonnier en cavale.
✦ Pensée d'un bon chasseur qui ne veut pas rentrer bredouille.
✦ Pensée d'un mauvais chasseur qui rentrera bredouille.

AUTREMENT DIT

À chaque oiseau, son nid est beau (texte du XIIIe siècle). ~ Il n'est point de petit chez-soi (Jean-François Ducis, *À mon petit logis*, 1813).

Le temps guérit les douleurs et les querelles.

Vertu cardinale du temps sur l'esprit et le cœur humain qui lui offre la possibilité, sinon d'oublier, en tous les cas d'amoindrir les malheurs de la vie. C'est une partie de la leçon de cette maxime de Pascal, *Pensées* (1670), car l'être humain est en mouvement comme l'illustre la suite de la formule pascalienne : « Le temps guérit les douleurs et les querelles parce qu'on change. On n'est plus la même personne ; ni l'offensant, ni l'offensé ne sont plus eux-mêmes. C'est comme un peuple qu'on a irrité et qu'on reverrait après deux générations. »

MODE D'EMPLOI

✦ Pour soi dans un moment de découragement (cela peut arriver).
✦ Pour aider un(e) ami(e) dans la peine.
✦ Pour accepter une réconciliation.

AUTREMENT DIT

Avec le temps va, tout s'en va (Léo Ferré, chanson, 1970). ~ Le temps dévore tout (Ovide, *Les Métamorphoses*, Ier siècle).

Patience et longueur de temps font plus que force ni que rage.

L'urgence est devenue une des règles de notre monde contemporain ; la frénésie nous guette en permanence et, dès qu'une difficulté surgit, c'est le branle-bas de combat. Posons-nous un instant pour apprécier cette conclusion de la fable de La Fontaine *Le Lion et le Rat* (1668) où le rat, tranquillement, sans s'énerver, avec ses petites dents, réussit à libérer le lion du filet où il est piégé.

MODE D'EMPLOI

La commande n'est pas prête ; le client est au téléphone et s'impatiente. Le soleil se lèvera malgré tout demain ; alors une pensée pour le rat de La Fontaine et on y retourne.

AUTREMENT DIT

Petit à petit l'oiseau fait son nid. ~ Tout vient à point à qui sait attendre (Rabelais, *Le Quart Livre*, 1552). ~ Il n'est de bois si vert qui ne s'allume.

Petit à petit l'oiseau fait son nid.

Sans être un ornithologue averti, chacun a déjà pu observer la persévérance des oiseaux à construire chaque année un nouveau nid ; ainsi, la patience permet d'accomplir les tâches les plus difficiles. Telle est la leçon de ce proverbe tiré du *Dictionnaire comique, satyrique, critique, burlesque, libre et proverbial* (rien que cela !) de Philibert-Joseph Le Roux (1718).

MODE D'EMPLOI

✦ Le professeur des écoles pourra se répéter mentalement plusieurs fois ce proverbe au cours de l'année scolaire quand il aura la tentation de s'arracher les cheveux devant certaines incompréhensions incompréhensibles de ses élèves.

✦ Le cycliste sprinter qui déteste la montagne pourra se faire tatouer (c'est à la mode !) ce proverbe et le regarder de temps en temps dans l'étape où il a quatre cols de première catégorie à franchir.

AUTREMENT DIT

Pas à pas va-t-on bien loin (proverbe médiéval). ~ La patience vient à bout de tout. Et la derrière achève (Théophile Gautier, *España*, *L'Horloge*, 1845).

Qui trop se hâte reste en chemin.

Notre monde court, court. Mais où va-t-il ? Et le sait-il ? Ce proverbe nous rappelle qu'il ne faut pas confondre vitesse et précipitation si l'on veut atteindre le but que l'on s'est fixé. L'avertissement ne date pas d'aujourd'hui puisque l'on trouve sa forme ancienne dès le XIIIe siècle dans un manuscrit (*Incipiunt proverbia vulgalia et latina*) : « Qui trop se hâte s'empêche ». Soufflons donc !

MODE D'EMPLOI

✦ Pour soi, se le dire au moins trois fois par jour : au lever, au moment de prendre sa pause déjeuner, et en fin de journée.

✦ Aux autres : le dire à chaque fois qu'à une sollicitation, on vous répond « je n'ai pas le temps aujourd'hui ».

AUTREMENT DIT

Hâtez-vous lentement (Nicolas Boileau, *Art poétique*, 1674). ~ Rien ne sert de courir, il faut partir à point (La Fontaine, *Le Lièvre et la Tortue*, 1668).

Rien ne sert de courir, il faut partir à point.

Dans notre monde contemporain dominé par la recherche frénétique de la vitesse, cette maxime de La Fontaine, qui ouvre la fable *Le Lièvre et la Tortue* (1668), nous invite au calme et à la prévoyance. Posons-nous et respirons…

MODE D'EMPLOI

✦ À glisser dans le compte à rebours d'une course contre la montre.
✦ À passer en boucle à la radio avant les départs massifs en vacances.

AUTREMENT DIT

Mieux vaut tard que jamais. ~ Il est urgent d'attendre. ~ La nuit porte conseil. ~ Demain il fera jour.

Tout vient à point, qui peut attendre.

Tout, tout de suite ! L'urgence et la course contre la montre sont les credos de notre société moderne. Noël arrive en octobre dans les grands magasins et la galette des Rois est chez le boulanger à la mi-décembre ! Le sage Rabelais nous rappelle dans son *Quart Livre* (1552) que la patience est une vertu à pratiquer.

MODE D'EMPLOI

✦ À dire à des enfants qui trépignent devant la nouvelle console de jeux et qui désespèrent, car nous sommes en février et Noël est encore loin.
✦ À glisser, au détour d'une conversation, au « jeune loup » qui lorgne sur votre poste tout en vous gratifiant de son empressement obséquieux. Beurk !

AUTREMENT DIT

Petit à petit, l'oiseau fait son nid. ~ Patience et longueur de temps font plus que force ni que rage (La Fontaine, *Fables*, 1668).

Paradoxe

Heureux au jeu, malheureux en amour.

Curieuse correspondance établie par ce dicton populaire ; autre manière de dire que ce qui est donné d'une main est repris de l'autre. Si chance et amour semblent ici incompatibles, c'est pour permettre une allusion à l'infortune amoureuse (réelle ou fictive) d'une personne, manière de minorer (par jalousie ?) sa réussite. Chacun se console comme il peut !

MODE D'EMPLOI

✦ À utiliser les jours de misanthropie aiguë.
✦ Ce que doivent penser les croupiers de casino certains soirs.
✦ À répéter en boucle en allant faire une grille de loto après une rupture amoureuse.

AUTREMENT DIT

Aimer n'est pas sans amer. ~ Pour un plaisir mille douleurs. ~ Grand amour cause grande douleur.

Le mieux est l'ennemi du bien.

Double conseil de prudence qui prévient qu'à vouloir trop bien faire, on obtient parfois le résultat inverse, et que, en cherchant à obtenir encore mieux, on prend le risque de tout gâcher, de tout perdre. Voilà qui est dit. Dans son conte philosophique *La Bégueule* (1772), Voltaire reprend la leçon :

« Dans ses écrits, un sage Italien
Dit que le mieux est l'ennemi du bien ;
Non qu'on ne puisse augmenter en prudence,
En bonté d'âme, en talents, en science ;
Cherchons le mieux sur ces chapitres-là ;
Partout ailleurs évitons la chimère.
Dans son état, heureux qui peut se plaire,
Vivre à sa place et garder ce qu'il a . »

MODE D'EMPLOI

✦ Pour calmer les ardeurs d'un zélé, ou d'un psychorigide perfectionniste.
✦ S'en souvenir au moment où l'on vient de finir la peinture d'un mur et que l'on hésite à faire une retouche, pas forcément indispensable et qui pourrait tout gâcher.

AUTREMENT DIT

Qui veut un cheval sans défaut doit aller à pied. ~ La vie est courte, l'art est long. ~ Mieux vaut œuf de géline que pet de reine.

Les cordonniers sont les plus mal chaussés.

On a tendance à ne pas profiter pour soi des avantages de son propre métier, c'est la leçon de ce proverbe inspiré par une constatation de Montaigne dans ses *Essais* (1580) : « Quand nous voyons un homme mal chaussé, nous disons que ce n'est pas merveille s'il est chaussetier. »

MODE D'EMPLOI

✦ À dire, en aparté, en apercevant un styliste de mode, portant un vieux survêtement avec des poches aux genoux.

✦ Ce que peut penser le chirurgien-dentiste réveillé en pleine nuit par une douleur fulgurante à une dent et qui découvre bouche ouverte, devant le miroir de sa salle de bains, une belle carie sur la D12.

AUTREMENT DIT

Un apothicaire sans sucre. ~ Nul n'est prophète en son pays.

Qui trop embrasse mal étreint.

À vouloir tout faire, tout savoir, on risque de tout mal maîtriser ; ici le verbe « embrasse » développe son sens premier « prendre dans ses bras ». On trouve ce proverbe dans une œuvre de Guillaume Coquillart, *Le Débat des dames et des armes* (1532).

MODE D'EMPLOI

✦ À se répéter pour se rappeler que personne n'est indispensable, qu'on doit savoir déléguer et faire confiance. Utile pour éviter le « burn out ».

✦ Au sens figuré pour se moquer (gentiment) d'un don Juan de boîte de nuit qui se retrouve tout seul à 5 h 00 du matin sur le parking du Memphis Bar.

AUTREMENT DIT

À chaque jour suffit sa peine. ~ On ne peut être à la fois au four et au moulin.

PARESSE

À beau parler qui n'a cure de bien faire.

Paroles, paroles, paroles… Nous savons que les beaux discours ne sont pas toujours (pas souvent !) suivis d'effets et de faits ! Rien de nouveau sous le soleil donc, c'est ce que devait penser Adrien de Montluc en notant ce proverbe dans son ouvrage, *Les Illustres Proverbes historiques* (1655).

MODE D'EMPLOI

La forme est un peu « rétro », mais elle peut faire son effet dans un débat où l'on pense avoir affaire à un « beau parleur ». Surtout ne pas se lancer dans une explication de texte du proverbe… Le dire avec le phrasé de Fabrice Luchini en regardant ses doigts.

AUTREMENT DIT

Parlons peu mais parlons bien. ~ De grands vanteurs, de grands faiseurs. ~ Il ne faut jamais remettre au lendemain ce que l'on peut faire le jour même.

Les paresseux ont toujours envie de faire quelque chose.

Voilà une maxime de Vauvenargues (*Réflexions et Maximes*, 1746) qui débusque les paresseux qui se cachent souvent derrière des velléités de façade et s'éclipsent quand il s'agit de passer à l'acte. Tout un art.

MODE D'EMPLOI

✦ Pour mettre de l'ambiance dans la maison au moment de débarrasser la table.
✦ À dire gentiment à l'ami qui a « complètement oublié » qu'il devait venir vous aider pour votre déménagement.

AUTREMENT DIT

On a beau prêcher qui n'a cœur de rien faire. ~ Au paresseux, le poil lui pousse dans la main. ~ Celui qui est trop endormi doit prendre garde à la fourmi.

L'oisiveté est la mère de tous les vices.

Textes bibliques et philosophiques concordent tous sur un point, ne rien faire, être oisif, comporte des risques : avoir des tentations (pas forcément bonnes) et y céder. Parmi les nombreuses formulations de cette maxime avec son corollaire subliminal (donc, il faut travailler !), voici celle adressée à son fils par un père philosophe (ce n'est pas incompatible !) Denys Caton dans son recueil *Distiques moraux à mon fils* (IIIe siècle) :
« Veille autant que tu peux ; et, fuyant la mollesse,
Des douceurs du repos n'use que sobrement ;
Car le trop long sommeil engendre la paresse,
Qui sert au vice d'aliment. »

MODE D'EMPLOI

À prononcer à voix haute pour se donner bonne conscience sur le coup des 13 h 00 quand votre ado n'est toujours pas levé et juste avant de mettre à fond le volume sonore de votre chaîne HI-FI pour passer *La chevauchée des Walkyries*. Mille excuses aux admirateurs de Wagner ; d'ailleurs, pour ne pas froisser inutilement ceux-ci, et comme l'opération risque d'être reconduite, vous pouvez varier les morceaux choisis (et sacrifiés).

AUTREMENT DIT

L'avenir est à ceux qui se lèvent tôt. ~ Une tête oisive est l'atelier du diable. ~ Le chasseur paresseux n'a pas de gibier à rôtir.

Qui fuit la meule fuit la farine.

Bien qu'il manque cruellement (le chômage) ou qu'il soit aliénant (esclavage, surmenage), le travail demeure une des valeurs principales d'organisation de la société humaine. La métaphore meunière de ce proverbe rappelle aux oublieux paresseux que c'est d'abord le travail qui assure des moyens de subsistance. Principe que La Fontaine a illustré dans sa fable *La Cigale et la Fourmi* (1668). Voici son grain à moudre :

« La cigale
Ayant chanté tout l'été,
Se trouva fort dépourvue
Quand la bise fut venue.
Pas un seul petit morceau
De mouche ou de vermisseau.
Elle alla crier famine
Chez la Fourmi sa voisine,
La priant de lui prêter
Quelque grain pour subsister
Jusqu'à la saison nouvelle.
« Je vous paierai, lui dit-elle,

Avant l'août, foi d'animal,
Intérêt et principal. »
La Fourmi n'est pas prêteuse,
C'est là son moindre défaut.
Que faisiez-vous au temps chaud ?
Dit-elle à cette emprunteuse.
– Nuit et jour à tout venant,
Je chantais, ne vous déplaise.
– Vous chantiez ? J'en suis fort aise,
Eh bien ! Dansez maintenant. »

MODE D'EMPLOI

Pour refroidir la fièvre consommatrice et l'illusion alimentée par la publicité que tout est accessible ici et maintenant. Si le message s'adresse à un jeune public qui pourrait penser que les poissons sont rectangulaires et pêchés avec leur panure, et que le lait se ramasse en pack de carton, ce proverbe méritera une explication pour faire comprendre comment le blé devient farine. L'emploi de ce proverbe demandera donc documentation, patience et pédagogie.

AUTREMENT DIT

Au paresseux, le poil lui pousse dans la main. ~ On a plus de mal à ne rien faire qu'à travailler (Ennius, *Fragments,* Ier siècle av. J.-C.).

PÉDAGOGIE

Avant donc que d'écrire, apprenez à penser.

C'est le conseil d'un expert en la matière, Nicolas Boileau, délivré dans son *Art poétique* (1674). Depuis le XVIIe siècle, des générations d'écoliers ont appris (à défaut d'appliquer parfois) les recommandations du maître. Pour le plaisir, ce petit souvenir :
« Avant donc que d'écrire, apprenez à penser.
Selon que notre idée est plus ou moins obscure,
L'expression la suit, ou moins nette, ou plus pure.
Ce que l'on conçoit bien s'énonce clairement,
Et les mots pour le dire arrivent aisément. »

MODE D'EMPLOI

✦ Vous êtes enseignant : demandez à vos élèves d'apprendre par cœur les vers qui précèdent.

✦ Vous êtes éditeur et vous êtes harcelé par une « célébrité » de la télé-réalité qui est convaincue qu'elle a un message à délivrer à la Terre entière : voilà de quoi lui permettre de méditer.

AUTREMENT DIT

Gens de lettres, gens de peine (Honoré de Balzac, *Maximes et Pensées*, 1852). ~ Mal pense, qui ne repense (Jean le Bon, *Adages françois*, 1557).

Il faut avoir beaucoup étudié pour savoir peu.

C'est un philosophe érudit, observateur de son temps et de la nature humaine qui nous dit cela : il s'agit en effet de Montesquieu (1689-1755) passionné par l'étude sous toutes ses formes qui mesure, avec modestie, que plus la part de ce qu'on connaît grandit, plus on prend conscience de l'étendue de son ignorance.

MODE D'EMPLOI

✦ Pour inviter à la modestie un « monsieur je-sais-tout ».
✦ Y songer en pénétrant à la Bibliothèque nationale à Paris.

AUTREMENT DIT

Savoir, c'est pouvoir. ~ Qui sait le plus doute le plus. ~ Laissez dire les sots : le savoir a son prix (La Fontaine, *Les Avantages de la science*, 1678).

Nul ne naît appris et instruit.

Quel dommage de ne pas posséder l'expérience et le savoir de ses parents dès la naissance (enfin, peut-être pas toujours !) : on sait que l'inné nous est donné et que commence un long parcours sur le chemin de l'acquis ; ce que nous rappelle ce proverbe tiré de *La Comédie de Proverbes* (1616) d'Adrien de Montluc. Alors au travail !

MODE D'EMPLOI

✦ À placer en fond d'écran sur l'ordinateur de ses « ados ». Degré d'efficacité non testé.
✦ Pour faire preuve d'indulgence devant les bévues de la jeunesse. Avec possibilité d'extension aux autres classes d'âge…

AUTREMENT DIT

Poussin chante comme le coq lui apprend (manuscrit du XIIIe siècle). ~ L'ignorance et l'incuriosité font un doux oreiller (Montaigne, *Essais*, 1588).

Qui aime bien châtie bien.

Traduction littérale du latin « *Qui bene amat, bene castigat* », ce proverbe n'est pas une invitation au sadomasochisme mais indique l'attitude pédagogique consistant à corriger les erreurs des personnes que l'on éduque. On retrouve cette formule dans le roman d'aventures *Histoire comique de Francion* (1623) de Charles Sorel : « Ces âmes viles ne savaient pas le bien que je leur voulais, et ne considérant pas que qui bien aime bien châtie se cabraient à tous les coups. »

MODE D'EMPLOI

Pour encourager l'adolescent rétif à lâcher sa console pour reprendre une trentaine de minutes la révision pour le bac qui se profile la semaine suivante. L'auteur ne s'engage pas sur l'efficacité du procédé.

AUTREMENT DIT

On l'a bien hâté d'aller. ~ Il n'y a pas de rose sans épines.

Une tête bien faite est mieux qu'une tête bien pleine.

L'éducation ne consiste pas à engranger en quantité du savoir par cœur, mais à garder l'esprit ouvert et curieux de tout sans chercher à être encyclopédique. C'est le message délivré ici par Montaigne à propos de l'éducation. D'ailleurs dans son texte,

il recommandait que cela s'applique d'abord au maître, voici l'extrait dans son jus :
« À un enfant de maison, qui recherche les lettres, non pour le gaing (car une fin si abjecte, est indigne de la grace et faveur des Muses, et puis elle regarde et depend d'autruy) ny tant pour les commoditez externes, que pour les sienes propres, et pour s'en enrichir et parer au dedans, ayant plustost envie d'en reussir habil'homme, qu'homme sçavant, je voudrois aussi qu'on fust soigneux de luy choisir un conducteur, qui eust plustost la teste bien faicte, que bien pleine : et qu'on y requist tous les deux, mais plus les moeurs et l'entendement que la science : et qu'il se conduisist en sa charge d'une nouvelle maniere ».
Essais, I, XXVI (1580).

MODE D'EMPLOI

✦ Pour convaincre les autorités compétentes de l'Éducation nationale que les programmes scolaires sont trop lourds (comme les cartables des enfants !)
✦ À souffler aux étudiants qui font une prépa…

AUTREMENT DIT

Poussin chante comme le coq lui apprend (manuscrit du XIIIe siècle).
~ Nul ne naît appris et instruit (Adrien de Montluc, *La Comédie de Proverbes*, 1616).

PERSUASION

Comparaison n'est pas raison.

Parfois, dans les proverbes, un effet de style contribue à la mémorisation de la formule : ici, la paronomase, la figure de style qui s'appuie sur une répétition, « -paraison » et « pas raison », permet d'insister sur le fait que l'on ne peut valider une argumentation sur le fond (raison) en rapprochant seulement des faits (la forme). Il fallait le dire, c'est ce qu'a fait Jean Gruter en citant cette formule dans son recueil *Florilegium* (1610).

MODE D'EMPLOI

✦ Pour déstabiliser une personne qui termine son argumentation ; elle ne saura pas exactement ce que l'on entend par cela.
✦ À utiliser en alternance avec la formule assassine « Oui, mais c'est plus compliqué que cela » qui fait passer pour un demeuré celui qui vient de s'exprimer. Réservé aux cyniques et comme exutoire aux gens de mauvaise humeur.

AUTREMENT DIT

Tout raisonnement se réduit à céder au sentiment (Pascal, *Pensées*, 1670). ~ Le temps de la réflexion est une économie de temps (Pubilius Syrus, Ier av. J.-C.).

Il n'est pire sourd que celui qui ne veut pas entendre.

Ce proverbe extrait du manuscrit *Proverbes ruraux et vulgaux* (XIVe siècle) pointe un des travers de la nature humaine : l'aveuglement obstiné. Aussi difficile que d'emprunter la ligne 13 du métro parisien que de vouloir convaincre quelqu'un d'obstiné, sûr de son fait et sûr de détenir la vérité.

MODE D'EMPLOI

✦ Pour clore une discussion où la mauvaise foi associée à l'entêtement font monter inutilement et dangereusement vos pulsations cardiaques.

✦ Sans servir comme soupape de sécurité lors de certaines démarches administratives ou dans une conversation avec l'assistance « hotline » de votre compagnie d'assurances à propos d'un litige.

AUTREMENT DIT

Il n'est pire aveugle que celui qui ne veut pas voir. ~ L'aveuglement des hommes est le plus dangereux effet de leur orgueil (La Rochefoucauld, *Réflexions ou Sentences et Maximes morales*, 1665).

Il vaut mieux prier Dieu que ses saints.

Si cet adage cité dans le *Bonum spatium* (manuscrit du XIVe siècle) s'inscrit par son vocabulaire dans un plan théologique, sa leçon est ouverte à tous et suggère, lorsqu'on a une affaire à traiter, de s'adresser directement au responsable plutôt qu'à ses subalternes.

MODE D'EMPLOI

Pour se motiver avant de demander une audience au grand patron afin de négocier une hausse votre salaire. Se dire que ce matin, avant de mettre son beau costume Armani, il est passé aux toilettes (comme tout le monde) et que sa femme lui a demandé de ne pas oublier encore de rapporter du pain ce soir.

AUTREMENT DIT

C'est un saint qui ne guérit de rien. ~ Qui peut le plus peut le moins (Aristote, *Traité du ciel*, IVe siècle av. J.-C.).

La sauce fait passer le poisson.

Les gourmets savent que c'est parfois le cas. Si l'on quitte le domaine de la table, ce constat signifie que la situation principale est rendue acceptable, supportable, grâce à un élément secondaire. C'est la leçon de ce proverbe tiré d'un ouvrage d'Antoine Oudin (grammairien du XVIIe siècle) au titre aussi long qu'une journée d'automne, jugez plutôt : *Curiosités françoises, pour servir de complément aux dictionnaires, ou recueil de plusieurs belles propriétés, avec une infinité de proverbes et de quolibets pour l'explication de toutes sortes de livres* (1640).

MODE D'EMPLOI

✦ Pour éviter de manifester votre mécontentement en disant : « Là, vous me faites avaler des couleuvres ».
✦ Pour accepter une décision où l'on vous « sert » la supercherie du « gagnant-gagnant ».

AUTREMENT DIT

Bon endureur est toujours vainqueur (*Proverbes au vilain*, XIIIe siècle). ~ La magnanimité ne doit pas compte à la prudence de ses motifs (*Vauvenargues, Réflexions et Maximes*, 1746).

Qui peut le plus peut le moins.

Proverbe optimiste encourageant celui qui a des capacités et des compétences d'un certain niveau à accomplir des tâches réputées moins difficiles ; proverbe malin et pédagogique pour souligner la paresse d'une personne qui refuse un effort pourtant largement à sa portée. Rien d'étonnant alors que cette formule soit l'œuvre du philosophe et pédagogue Aristote (*Traité du ciel*, IVe siècle av. J.-C.).

MODE D'EMPLOI

Proverbe multi-usages. On peut le prononcer à peu près dans n'importe quelle situation, il déclenche toujours une interrogation chez celui qui le reçoit. Ne pas hésiter à faire le test.

AUTREMENT DIT

On ne peut faire qu'en faisant. ~ Ne charge pas tes épaules d'un fardeau supérieur à tes forces (Horace, *Art poétique*, 10 av. J.-C.).

PRUDENCE

Bien fou qui s'y fie.

Les appels à la prudence sont légions dans les proverbes. En voici un, attesté dès le XIIIe siècle, dans un poème du moine et poète Gautier de Coincy ; il recommande la méfiance d'une manière générale et assimile le fait de l'ignorer à de la déraison.

MODE D'EMPLOI

Les occasions ne manquent pas hélas de douter d'une parole, d'une promesse, d'une personne. Si l'on veut faire l'intéressant (nul n'est parfait !), on utilisera la forme ancienne « Fol qui s'y fie ».

AUTREMENT DIT

Prudence est mère de sûreté. ~ Confiance est mère de dépit. ~ Un homme averti en vaut deux. ~ Ne réveillez pas le chien qui dort (*Proverbia vulgalia et latina*, manuscrit du XIIIe siècle).

Chose promise, chose due.

C'est la formule agréable à prononcer par laquelle nous honorons un engagement ; voilà un proverbe qui vient heureusement s'opposer au cynisme d'un homme politique qui déclara un jour que « Les promesses n'engagent que ceux qui y croient »...

MODE D'EMPLOI

✦ Pour ceux qui ont encore des illusions, à rappeler au candidat qui a été élu après une élection.
✦ En jetant votre dernière cigarette pour honorer la promesse d'arrêter de fumer que vous avez faite à un proche dans un moment d'euphorie et d'égarement.

AUTREMENT DIT

La promesse est une dette. ~ Promets peu et tiens ton don. ~ Promettre et tenir sont deux (Antoine Loisel, *Institutes coutumières*, 1607).

Il ne faut pas mettre ses œufs dans le même panier.

Cet adage, cité dans l'édition de 1835 du *Dictionnaire de l'Académie française*, peut s'appliquer à tous les domaines de l'existence (travail, vie personnelle) ; il conseille de ne jamais faire dépendre d'une seule chose la réalisation et la réussite d'un projet.

MODE D'EMPLOI

✦ À garder en mémoire quand un banquier vous suggère de placer toutes vos économies sur un seul produit financier ; surtout s'il vous dit qu'il n'y a aucun risque !
✦ À oublier en amour, car nous ne sommes pas dans une basse-cour...

AUTREMENT DIT

L'on ne doit semer toute sa semence en un champ (*Bonum spatium*, manuscrit du XIVe siècle). ~ Deux précautions valent mieux qu'une.

Il n'y a pas de fumée sans feu.

Autrement dit, toute conséquence a une cause ; ce proverbe manie donc la logique, encore convient-il de ne pas tromper sur la cause. Si le sens littéral de la formule est incontournable, en revanche le sens métaphorique appliqué dans la vie quotidienne, devient une croyance éminemment dangereuse selon laquelle toute rumeur a un fond de vérité. On sait que l'amplification médiatique peut alors allumer des « incendies » !

MODE D'EMPLOI

Face à un commérage : débuter par le proverbe et ajouter sur le ton de l'ironie « et de bêtise sans idiot » ! Évidemment, la suite de la conversation, ou plutôt sa fin, risque d'être tendue. Mais il faut savoir se soulager parfois.

AUTREMENT DIT

L'opinion est la reine du monde, parce que la sottise est la reine des sots (Chamfort, *Maximes et Pensées*, 1795). ~ Ce n'est pas tout évangile, ce que l'on dit par la ville (Gabriel Meurier, *Sentences notables, Adages et Proverbes,* 1568).

La méfiance est mère de la sûreté.

Ce proverbe ancien, invitation à la prudence en toutes choses, est repris dans la fable *Le Chat et un Vieux Rat* de La Fontaine : on y voit comment un vieux rat, expérimenté et méfiant, ne se laisse pas piéger par un chat malin qui s'est recouvert de farine pour se dissimuler.

MODE D'EMPLOI

✦ À rappeler dans la télécabine aux skieurs d'un jour qui vont se lancer dans un hors-piste.

✦ À méditer tout en relisant attentivement les différentes clauses d'un contrat devant le vendeur qui s'impatiente.

AUTREMENT DIT

C'est le collier qui fait le chien. ~ Tout est nu sur la terre, hormis l'hypocrisie (Alfred de Musset, *Un Spectacle dans un fauteuil*, 1832).

Les paroles s'en vont, les écrits restent.

Traduction littérale de l'expression latine « *Verba volant, scripta manent* », ce proverbe est une double invitation à la prudence : en affaires, tout d'abord, où la conclusion d'un contrat doit être attentivement rédigé et contrôlé (autrefois, la poignée de mains ou la parole suffisait, mais ça, c'était autrefois !) ; et dans toutes les sortes de correspondances écrites (lettres, mails, sms) qui peuvent le cas échéant devenir des preuves à charge.

MODE D'EMPLOI

✦ Y penser lorsqu'une personne vous fait une promesse orale.
✦ À méditer à l'heure du bilan après une campagne électorale.
✦ Toujours s'en rappeler avant d'envoyer un message provocateur (ou que l'on croit drôle) sur un réseau social.

AUTREMENT DIT

Quand les mots sont dits, l'eau bénite est faite. ~ Ce qui écrit est écrit.

Le trop de confiance attire le danger.

Réflexion royale puisque c'est le roi Fernand qui prononce cette formule à Don Arias, un de ses gentilshommes, en s'inquiétant de l'arrivée des Maures dans *Le Cid* (1636) de

Corneille ; manière de dire qu'on n'est jamais trop prudent et qu'il faut toujours rester sur ses gardes. Voici, pour ceux qui étaient absents au cours de cinquième où la scène a été étudiée, le passage en question :

« Don Arias
Ils savent aux dépens de leurs plus dignes têtes
Combien votre présence assure vos conquêtes :
Vous n'avez rien à craindre.
Don Fernand
Vous n'avez rien à craindre. Et rien à négliger :
Le trop de confiance attire le danger ;
Et vous n'ignorez pas qu'avec fort peu de peine
Un flux de pleine mer jusqu'ici les amène.
Toutefois j'aurais tort de jeter dans les cœurs,
L'avis étant mal sûr, de paniques terreurs.
L'effroi que produirait cette alarme inutile,
Dans la nuit qui survient troublerait trop la ville :
Faites doubler la garde aux murs et sur le port.
C'est assez pour ce soir. »
(Acte III, scène 6).

MODE D'EMPLOI

Pour faire comprendre à vos amis que non, décidément non, vous ne goûterez pas à ces champignons ramassés pendant la balade en forêt, même s'ils vous disent qu'il n'y a rien à craindre, car ils ont l'air bons.

AUTREMENT DIT

Confiance est mère de dépit (manuscrit du XVe siècle). ~ La méfiance est mère de la sûreté (La Fontaine, *Le Chat et le Vieux Rat*, 1668).

Ne réveillez pas le chien qui dort.

Ce conseil de prudence, pour rappeler qu'il n'est pas utile de faire resurgir une vieille affaire qui causa en son temps des désagréments, est tiré d'un manuscrit du XIIIe siècle, *Proverbia vulgata et latina*.

MODE D'EMPLOI

À se répéter plusieurs fois avant d'aller à la traditionnelle fête de famille où il sera inévitablement question de la maison des grands-parents où plus personne ne va, mais que personne ne veut vendre.

AUTREMENT DIT

Il ne faut pas réveiller le chat qui dort. ~ Prudence est mère de sûreté. ~ Demain, il fera jour.

Secret de deux, secret de Dieu ; secret de trois, secret de tous.

Nous avons déjà tous entendu cette curiosité : « Je vais te dire un secret, surtout ne le répète pas ! ». Jean de la Véprie, qui fut prieur de Clairvaux, a dû l'entendre aussi et s'en amuser lorsqu'il recueillit ce proverbe dans son ouvrage *Proverbes communs* (1498) qui rappelle combien l'homme a du mal « à tenir sa langue »…

MODE D'EMPLOI

✦ À dire à quelqu'un qui vous confie « un secret ».
✦ À retenir pour soi si l'on a un secret.

Pour s'interroger sur le sens du mot « secret » devant des « Une » de journaux à scandale : « Tout sur le secret de B… » ; « C. nous dit tout sur son secret caché » !

AUTREMENT DIT

Dire le secret d'autrui est une trahison, dire le sien est une sottise (Voltaire, *L'Indiscret*, 1725). ~ On ne doit dire son secret à femme, fol et enfant.

Tourner la langue sept fois dans sa bouche avant de parler.

Cette prudence vient de loin puisque ce proverbe attribué à Salomon est présent dans l'*Ancien Testament* (*Le Livre des proverbes*, xe siècle av. J.-C.) : « Le sage tourne sept fois sa langue dans sa bouche avant de parler. » Si on connaît la force des mots, on sait aussi qu'il peut y avoir un décalage entre ce que l'on pense et ce que l'on dit, et qu'une maladresse de formulation peut avoir des conséquences néfastes. Donc pas de précipitation, le chiffre sept (chiffre porteur d'une riche symbolique) invite à prendre le temps de la réflexion : un, deux, trois, quatre…

MODE D'EMPLOI

À proposer aux chroniqueurs de télévision et de radio dont la langue a une tendance naturelle à pendre sur le micro et à couper la parole à l'invité qui tente de s'exprimer.

AUTREMENT DIT

Trop gratter cuit, trop parler nuit. ~ Il vaut mieux se mordre la langue avant de parler qu'après avoir parlé.

Renommée

La célébrité, c'est l'avantage d'être connu de ceux qui ne vous connaissent pas.

La télévision et Internet n'existaient pas quand Chamfort (1741-1794) a livré cette maxime (*Maximes et Pensées*) ; elle résume pourtant parfaitement le monde d'aujourd'hui où la médiatisation donne l'illusion de connaître de parfaits inconnus qu'on ne rencontrera probablement jamais.

MODE D'EMPLOI

✦ Vous êtes une célébrité : pour tempérer l'enthousiasme d'un fan qui vous a reconnu(e) malgré vos grosses lunettes noires et vient vous déranger à la terrasse d'un café où vous lisiez tranquillement votre journal.

✦ Vous êtes un anonyme : vous croisez une célébrité qui vient de tomber en panne d'essence à 3 h 00 du matin en sortant de boîte de nuit ; vous vous arrêtez pour la dépanner.

AUTREMENT DIT

L'estime vaut mieux que la célébrité, la considération vaut mieux que la renommée (Chamfort, *Maximes et Pensées,* 1795). ~ Chou pour chou, Aubervilliers vaut bien Paris.

La gloire est vaine et fausse monnaie.

Montaigne qui fut maire de Bordeaux, magistrat, et fréquenta les princes de son temps resta lucide sur le faux-semblant des honneurs qu'il fuyait avec constance. Cette sentence résume la pensée qu'il développe dans les *Essais* (1580) :
« Qui ne change volontiers sa santé, son repos, et sa vie contre la réputation et la gloire ? C'est pourtant la plus inutile, la plus vaine, la plus fausse monnaie qui ait cours parmi nous. »

MODE D'EMPLOI

Pour permettre à une personne ayant passé cinq minutes à la télévision de remettre les pieds sur terre et la dissuader d'essayer de marcher sur l'eau.

AUTREMENT DIT

La gloire est le soleil des morts (Honoré de Balzac, *la Recherche de l'absolu*, 1834). ~ Se faire tout blanc de son épée.

Pour réussir dans le monde, il faut avoir l'air fou et être sage.

C'est l'auteur des *Lettres persanes* (1721), Montesquieu, fin observateur de la nature humaine qui dit cela dans un recueil posthume *Pensées diverses*. Cette maxime souligne à quel point la réussite sociale passe aussi par un subtil dosage entre le paraître et l'être. Dans notre société où l'image prévaut, voilà un avertissement à méditer.

MODE D'EMPLOI

- ✦ À donner en dissertation à l'ENA ou à Sciences-Po. Durée du devoir 4 h.
- ✦ Se poser la question devant la réussite de certains « zozos »…

AUTREMENT DIT

La fortune sourit aux audacieux. ~ Les succès produisent les succès. ~ Tout bois n'est pas bon à faire flèche.

Voulez-vous que l'on croie du bien de vous ? N'en dites pas.

Nous savons que nous existons aussi à travers le regard des autres, alors la tentation est grande d'assurer soi-même sa « promotion » en se tressant sa propre couronne de lauriers au risque de passer pour un prétentieux. C'est tout le sens de cette formule délivrée par Pascal (*Pensées*, 1670).

MODE D'EMPLOI

Pour le coach en communication qui le glissera à l'oreille de l'artiste qui vient faire sa « promo » dans une émission de télévision.

AUTREMENT DIT

La louange de soi-même fait la bouche puante. ~ Il se loue et se remercie qu'il ne cesse de se louer et de se remercier.

SAGESSE

À l'impossible nul n'est tenu.

Dans une époque où il faut toujours faire plus, plus vite, mieux, voilà un proverbe qui tempère les ardeurs frénétiques ! Mais cela n'est pas récent, car ce constat plein de sagesse remonte probablement à l'Antiquité ; il est la traduction de la formule latine (et sans doute juridique) « *Ad impossibile nemo tenetur* ». Mais arrêtons-là l'explication, car un autre proverbe (attribué à Napoléon Ier) affirme « impossible n'est pas français » !

MODE D'EMPLOI

À utiliser comme un radeau de survie, une roue de secours, une échappatoire, quand on se sent débordé, stressé, envahi, etc.

AUTREMENT DIT

On ne peut à la fois courir et sonner du cor (*Proverbia vulgalia et latina*, XIIIe siècle). ~ À folle demande, il n'y faut point de réponse.

Pierre qui roule n'amasse pas mousse.

Point n'est besoin d'être botaniste pour comprendre que la mousse ne peut s'accrocher sur une pierre instable. Point n'est besoin d'être philosophe ou sociologue pour saisir qu'une personne qui change souvent de métier, d'environnement, de lieu, n'est pas stable ; dès lors la métaphore du proverbe prévient du risque à être inconstant et des avantages de la stabilité et de la constance.

MODE D'EMPLOI

✦ Pour décliner une offre de mutation aux avantages incertains.
✦ Pour les amateurs de pop qui souhaitent montrer leur sens de l'humour, de leur maîtrise de l'anglais, et des limites de ce proverbe : faire allusion à la carrière des Rolling Stones (littéralement « les pierres qui roulent »).

AUTREMENT DIT

Celui qui habite partout n'habite nulle part. ~ Jeter la plume au vent. ~ On ne gagne pas beaucoup à courir le monde.

Plus haut monte le singe, plus il montre son cul.

L'ascension sociale est aussi un ascenseur à vanités, comme le souligne crûment ce proverbe résumant la pensée de Montaigne (*Essais*, 1580) à propos d'une réflexion du Chancelier Olivier (1487-1560) :

« Me souvenant de ce mot du feu chancelier Olivier, que les Français semblent des guenons qui vont grimpant contre-mont un arbre, de branche en branche, & ne cessent d'aller jusques à ce qu'elles sont arrivées à la plus haute branche, & y montrent le cul quand elles y sont. »

MODE D'EMPLOI

À manier avec précaution, car la formule peut être très mal prise ; mais face à un parvenu suant de vanité, elle permet de soulager la sensation d'écœurement. Cela dit, les occasions sont si nombreuses et l'effet relaxant incontestable.

AUTREMENT DIT

Quand on prend du galon, on n'en saurait trop en prendre. ~ Il ne faut pas péter plus haut que son cul. ~ Vanité des vanités et tout est vanité (Bible).

Toutes les bonnes maximes sont dans le monde : on ne manque qu'à les appliquer.

Maxime réaliste de Pascal (*Pensées*, 1670) qui constate qu'il y a toujours une certaine distance entre la formulation d'une bonne idée, d'un principe juste, et sa mise en application sans dérapage. Les exemples ne manquent pas :
« Par exemple, [...] il est nécessaire qu'il y ait de l'inégalité parmi les hommes, cela est vrai ; mais cela étant accordé voilà la porte ouverte non seulement à la plus haute domination mais à la plus haute tyrannie. [...] Il est nécessaire de relâcher un peu l'esprit, mais cela ouvre la porte aux plus grands débordements. »

MODE D'EMPLOI

S'en souvenir au moment des bonnes résolutions que l'on prend le 31 décembre après minuit. Notez-les sur un carnet et le ressortir l'année suivante. Attention l'exercice peut s'avérer déprimant.

AUTREMENT DIT

Il faut tenir à une résolution parce qu'elle est bonne, et non parce qu'on l'a prise (La Rochefoucauld, *Mémoires*, 1861). ~ Mieux vaut comprendre peu que comprendre mal (Anatole France, *la Révolte des anges*, 1914).

SANTÉ

Il y a plus de vieux ivrognes que de vieux médecins.

Rabelais, l'auteur de ce proverbe éthylique qui vante les « vertus » du vin (*Gargantua*, 1534) était médecin et amateur de bonne chère et de bons vins. C'est sans doute son expérience du métier et de la vie qui l'incita à ce constat. À sa décharge, ses défenseurs avanceront qu'à son époque, la médecine moderne en était à ses balbutiements tandis que l'ivrognerie était déjà une pratique fort ancienne.

MODE D'EMPLOI

✦ À consommer avec modération.

✦ En parler à son médecin de famille et se souvenir de sa réaction ; la raconter aux amis.

AUTREMENT DIT

Dieu aide toujours aux fous, aux amoureux et aux ivrognes (Marguerite de Navarre, *Heptaméron*, 1559). ~ Qui a bu boira (Janus Gruter, *Florilegium*, 1610). ~ Un ivrogne remplit plus souvent son verre que ses engagements (Charles Cahier, *Proverbes et aphorismes*, 1856).

Mieux vaut prévenir que guérir.

Le principe de précaution, notamment dans le domaine de la santé, est aujourd'hui un leitmotiv de notre société du « risque zéro » ; mais la mise en garde n'est pas nouvelle puisqu'on la trouve déjà dans une formule latine de l'époque médiévale (« *Praestat cauteal quam medela* »). Nous voilà prévenus !

MODE D'EMPLOI

Réservé aux optimistes qui veulent convaincre des proches récalcitrants, inconscients, entêtés, présomptueux, ignorants (oui, cela fait beaucoup, mais tous ces adjectifs ne sont pas – *a priori* – pour une seule personne, ou alors bon courage !) :
– de ne pas commencer à fumer ;
– d'arrêter de fumer ;
– de mettre leur ceinture de sécurité, leur casque ;
– de ne pas se nourrir uniquement dans les fast-foods et de manger des vrais fruits et des vrais légumes (ils existent !) ;
– de ne pas passer des heures devant leur console de jeux, etc.

AUTREMENT DIT

Mal sur mal n'est pas santé. ~ Tout homme bien portant est un malade qui s'ignore (Jules Romains, *Knock, ou Le triomphe de la médecine*, 1923).

Presque tous les hommes meurent de leurs remèdes, et non pas de leurs maladies.

Fort heureusement le temps et les progrès de la médecine font aujourd'hui mentir cette formule assassine (c'est le cas de le dire), œuvre d'un multi-récidiviste en la matière puisqu'il s'agit de Molière et d'une réplique du personnage de Béralde, le frère d'Argan dans *Le Malade imaginaire* (1673). Son hostilité à l'égard des médecins a nourri plusieurs de ses comédies ; il faut dire qu'à son époque la médecine balbutiante pouvait se révéler dangereuse. On observera que cette prévention n'a pas complètement disparue, ce dont atteste le succès des médecines dites parallèles (ou douces).

MODE D'EMPLOI

✦ Pour se moquer d'un hypocondriaque qui énumère tous ses traitements ; pas très charitable mais peut permettre de faire évoluer la conversation ou… y mettre fin.
✦ Demander ce qu'il en pense au chef de service qui débarque enfin dans la chambre d'un proche hospitalisé avec sa cohorte d'internes terrorisés et qui ne daigne pas répondre aux questions qui lui sont posées. Naturellement, après avoir vérifié que ses pieds touchent bien le sol, une lévitation est toujours possible chez un grand patron.

AUTREMENT DIT

Aux grands maux les grands remèdes. ~ De jeune médecin, cimetière bossu (*Bonum spatium*, manuscrit du XIVe siècle).

Qui a santé, il a tout ; qui n'a santé, il n'a rien.

La santé, le bien le plus précieux, voilà la sagesse de ce proverbe tiré d'un manuscrit du XVe siècle. Depuis, les progrès de la médecine ont atténué la radicalité de la partie négative de la formule.

MODE D'EMPLOI

✦ Pour faire angoisser davantage les hypocondriaques (un peu méchant, non ?).
✦ À utiliser en envoyant ses bons vœux de début d'année.

AUTREMENT DIT

Mens sana in corpore sano (« Un esprit sain dans un corps sain », Juvénal, *Satires*). Pour les amateurs de latin. ~ Qui est en bonne santé est riche sans le savoir.

Satisfaction

Il vaut mieux faire envie que pitié.

Réussir a un prix et notamment celui de provoquer la jalousie chez les envieux ; il faut donc faire avec ce travers et profiter de sa réussite plutôt que d'attirer la sollicitude parce que l'on est dans la difficulté. Choisir son camp est donc facile ! Aujourd'hui, sur le mode de la moquerie, il est aussi la répartie d'une personne à une remarque sur sa « surcharge pondérale ». Ce conseil que l'on retrouve à différentes époques vient initialement d'une louange que le poète grec Pindare adressait à Hiéron, tyran de Syracuse, dans une des *Odes Pythiques* (ve siècle av. J.-C.) :
« Parler à propos, célébrer en peu de vers une suite nombreuse de belles actions, c'est le moyen d'offrir moins de prise à la critique des hommes. L'esprit est prompt, trop de détails le fatiguent bientôt, et la louange d'autrui pèse en secret à celui qui l'écoute. Quoi qu'il en soit, Hiéron, ne te lasse pas de poursuivre tes nobles desseins ; il vaut mieux exciter l'envie que de s'exposer aux dédains de la pitié… ».

MODE D'EMPLOI

✦ Y penser en recevant les félicitations « forcées » d'un collègue sur la réussite d'un projet que vous avez mené seul après sa défection (il n'y croyait pas).

✦ En remettant sa robe (ou son pantalon) de l'année dernière et en déplaçant d'un cran supplémentaire la ceinture.

AUTREMENT DIT

Les envieux mourront, mais non jamais l'envie (Molière, *Le Tartuffe*, 1664). ~ Jamais un envieux ne pardonne au mérite (Corneille, *Suréna*, 1674).

Il ne faut pas être plus royaliste que le roi.

Autrement dit, il ne faut pas mettre plus de zèle dans une affaire qu'il est nécessaire. Quant à la métaphore « royale », elle était de circonstance car cet adage est formulé dans *La Monarchie selon la Charte* (1816) de Chateaubriand ; l'écrivain était alors ministre d'État de Louis XVIII.

MODE D'EMPLOI

Pour tenter de calmer les ardeurs d'un jeune loup dynamique qui voudrait que tout le monde fasse comme lui : arriver avant son patron le matin, repartir après lui le soir et apporter des dossiers à la maison, le soir et le week-end.

AUTREMENT DIT

La modération est la santé de l'âme (La Rochefoucauld-Doudeauville, *Mémoires*, 1861). ~ Le valet du diable fait plus qu'on ne lui demande (*Dictionnaire de l'Académie*, édition de 1878).

La plus belle fille du monde ne peut donner que ce qu'elle a.

Plus, toujours plus, c'est un des crédos de notre époque ; on exige toujours plus de chacun en faisant fi des limites ; cette maxime de Chamfort (*Maximes et Pensées*, 1795) est un rappel au bon sens pour se convaincre que chaque individu est unique et qu'on ne peut lui demander de réaliser les mêmes choses que les autres.

MODE D'EMPLOI

✦ Pour expliquer que vous ne pourrez pas être à 17 h 00 à ce premier rendez-vous avec le client et à 18 h 00 à la réunion de travail.
✦ Pour consoler une personne déçue par un résultat malgré tous ses efforts. À manier avec précaution, car cela peut être mal pris !

AUTREMENT DIT

Les délicats sont malheureux // Rien ne saurait les satisfaire (La Fontaine, *Contre ceux qui ont le goût difficile* », 1668).

Savoir

Dans le doute, abstiens-toi.

Conseil de prudence qui invite à ne rien faire ou à ne rien dire, si l'on n'est pas sûr de soi. Cette maxime a été mise en pratique très tôt dans l'histoire de l'humanité ce qui rend son origine incertaine : peut-être est-elle née dans la Perse antique dans un précepte de Zarathoustra (Zoroastre), mais on la trouve aussi chez l'auteur latin Pline. Dans le doute, abstenons-nous donc et reprenons l'affirmation de Voltaire dans son *Dictionnaire philosophique* (1764) :
« Si c'est Zoroastre qui le premier annonça aux hommes cette belle maxime : "Dans le doute si une action est bonne ou mauvaise, abstiens-toi," Zoroastre était le premier des hommes après Confucius. Si cette belle leçon de morale ne se trouve que dans les cent Portes du Sadder, longtemps après Zoroastre, bénissons l'auteur du Sadder. On peut avoir des dogmes et des rites très-ridicules avec une morale excellente. »

MODE D'EMPLOI

✦ À mettre en application si vous hésitez entre la robe bleue et la robe rouge, surtout si la vendeuse vous dit que les deux vous vont très bien.

✦ S'en rappeler si vous retrouvez une ancienne connaissance ; lui vous appelle par votre prénom tout de suite ; quant à vous, c'est le trou de mémoire : c'est Jean-Pierre ou Jean-Jacques ? Évitez la maladresse.

✦ Principe de précaution chez les démineurs !

AUTREMENT DIT

Le doute est le commencement de la sagesse. ~ Qui doute ne se trompe pas. ~ Tout ce qui brille n'est pas or.

Le bon sens est la chose du monde la mieux partagée.

Cette célèbre maxime de Descartes (*Discours de la méthode*, 1637) peut prêter à confusion : le « bon sens » dont il est question ici équivaut à « la raison » dont chacun est doté et qui nous permet grâce à notre jugement et à de la méthode (la fameuse méthode !) d'accéder au savoir et à des points de vue différents. Ouf ! Voici pour ceux qui souhaitent continuer dans le « bon sens » l'extrait où Descartes entame son raisonnement :
« Le bon sens est la chose du monde la mieux partagée ; car chacun pense en être si bien pourvu que ceux même qui sont les plus difficiles à contenter en toute autre chose n'ont point coutume d'en désirer plus qu'ils en ont. En quoi il n'est pas vraisemblable que tous se trompent ; mais plutôt cela témoigne que la puissance de bien juger et distinguer le vrai d'avec le faux, qui est proprement ce qu'on nomme le bon sens ou la raison, est naturellement égale en tous les hommes ; et ainsi que la diversité de nos opinions ne vient pas de ce que les uns sont plus raisonnables que les autres, mais seulement de ce que nous conduisons nos pensées par diverses voies, et ne considérons pas les mêmes choses… »

MODE D'EMPLOI

Et d'ajouter dans le même élan « Tout dépend de ce que l'on en fait ».
Pour faire réfléchir quelqu'un qui s'entête dans une position avérée fausse. Y mettre un zeste d'ironie.

AUTREMENT DIT

Celui qui a un grand sens sait beaucoup (Vauvenargues, *Réflexions et Maximes*, 1746). ~ Le sens commun ne s'enseigne pas (Quintilien, *De institutione oratoria*, Ier siècle).

Le scepticisme est la carie de l'intelligence.

Voilà comment Victor Hugo dans son roman *Les Misérables* (1862) considère le comportement sceptique d'un personnage nommé Grantaire qui participe à un groupe politique, la société des Amis de l'ABC, mais est revenu de tout. Manière de dénoncer les dangers d'une attitude figée qui n'agit plus que dans la critique et la négation. Brève présentation du sceptique : « Tous ces mots : droit du peuple, droits de l'homme, contrat social, révolution française, république, démocratie, humanité, civilisation, religion, progrès, étaient, pour Grantaire, très voisins de ne rien signifier du tout. Il en souriait. Le scepticisme, cette carie de l'intelligence, ne lui avait pas laissé une idée entière dans l'esprit. Il vivait avec ironie. Ceci était son axiome : Il n'y a qu'une certitude, mon verre plein. Il raillait tous les dévouements […] »

MODE D'EMPLOI

✦ À marteler aux découragés de la première heure qui fuient au moindre obstacle.

✦ Si vous êtes dentiste, vous pouvez l'afficher dans votre salle d'attente… Les patients se diront que leur dentiste a de l'humour ; cela rassure au moment d'ouvrir la bouche.

AUTREMENT DIT

Être pétri d'eau froide. ~ Il n'est pas certain que tout soit incertain (Pascal, *Pensées*, 1670). ~ Entre deux sièges, on tombe à terre.

Ni l'ignorance n'est défaut d'esprit, ni le savoir n'est preuve de génie.

Le beau parallélisme de cette maxime de Vauvenargues (*Réflexions et Maximes*, 1746) invite à la modestie en rappelant que chacun peut ignorer sans être pris pour un demeuré et que le fait de posséder un savoir n'est pas une garantie d'intelligence. Autre manière de dire que les connaissances sont une chose et que la faculté de raisonner en est une autre.

MODE D'EMPLOI

Pour « moucher » un pédant qui s'exclame : « Ah ! Tiens, vous ne saviez pas cela ». Évidemment prendre un ton décontracté et commencer par « Vous savez, cher Monsieur, comme disait Vauvenargues… »

AUTREMENT DIT

Juger sur l'étiquette du sac. ~ Il ne faut pas juger un homme par ce qu'il ignore, mais par ce qu'il sait (Vauvenargues, *Réflexions et Maximes*, 1746).

Un homme intelligent à pied va moins vite qu'un sot en voiture.

Fine observation de Mme de Girardin (*Lettres parisiennes*, 1840) qui suggère que les inégalités dues à la nature peuvent être palliées par toutes sortes de moyens. Encourageante perspective !

MODE D'EMPLOI

✦ Pour secouer l'inertie d'un groupe de randonneurs qui se plaignent d'être fatigués au bout de quelques heures de marche.
✦ À employer en alternance avec la formule de Michel Audiard (qui avait dû lire *Les Lettres parisiennes* de Mme Girardin…) dans *Un taxi*

pour Tobrouk : « Un intellectuel assis va moins loin qu'un con qui marche. »

AUTREMENT DIT

Sa tête donne bien de l'exercice à ses pieds. ~ Dans la brume tout le monde est pilote.

Savoir-vivre

À chaque saint sa chandelle.

Il est de tradition pour les croyants d'allumer un cierge dans les églises au saint qu'ils veulent honorer : ainsi la taille et le nombre de cierges dédiés sont une manière de mesurer l'importance et l'attention accordées au saint. D'une manière plus « terre à terre », le proverbe signifie qu'il faut savoir se faire apprécier des personnes qui peuvent être utiles dans le succès d'une action.

MODE D'EMPLOI

✦ Y penser en achetant les boîtes de cigares que vous voulez offrir à vos collaborateurs.

✦ À utiliser comme « sonnette d'alarme » à chaque fois que vous seriez tenté(e) de dire ses « quatre vérités » à quelqu'un et que cela ne servirait pas vos intérêts. Un peu cynique, mais utile pour ne pas se fâcher avec la terre entière.

AUTREMENT DIT

Comme on connaît ses saints on les honore. ~ Le saint qui ne guérit de rien n'a pas de pèlerin.

Comme on connaît ses saints, on les honore.

Si la tradition religieuse est à l'origine de ce proverbe, sa signification plus large indique que nous ajustons notre comportement à autrui en fonction du caractère, des qualités et défauts qu'on lui prête.

MODE D'EMPLOI

Y penser en cherchant un petit cadeau pour une personne que l'on apprécie ; pour se faire pardonner une petite « gaffe ». Nul n'est parfait !

AUTREMENT DIT

À tel saint, telle offrande. ~ Avec le renard on renarde.

Noblesse oblige.

Pour conserver sa pertinence, ce précepte suggère (noble ou pas !) de faire honneur à son rang, à sa fonction, à son milieu d'origine ; bref, en toutes circonstances de rester irréprochable (« classe » !). Ce conseil est rapporté par Pierre-Marc-Gaston de Lévis, second duc de Lévis, pair de France (rien que ça !), dans son ouvrage *Maximes, préceptes et réflexions sur différents sujets de morale et de politique* (1807).

MODE D'EMPLOI

✦ En réglant l'addition au restaurant pour mettre fin à un interminable décompte pour savoir qui à manger quoi (à ne pas répéter souvent).

✦ Pour signifier à un petit escroc que l'on n'est pas dupe de ses manigances.

AUTREMENT DIT

L'élégance est un résultat de la justesse et de l'agrément (Voltaire, *Dictionnaire philosophique*, 1764). ~ Le savoir-vivre est dans le monde plus obligé qu'observé (Joseph Sanial-Dubay, *Pensées sur les mœurs*, 1813).

Où il y a de la gêne, il n'y a pas de plaisir.

La vie en société réclame un minimum de convenances et de tact, ce que certaines personnes semblent ignorer en agissant sans se préoccuper des autres, privilégiant sans vergogne leurs propres désirs et intérêts. C'est ce que dénonce avec ironie ce proverbe attesté dès la fin du XVIIIe siècle.

MODE D'EMPLOI

Lister les situations où la goujaterie, l'irrespect, l'égoïsme sont à l'œuvre, serait à la fois interminable et déprimant : mais c'est pourtant dans ces situations que ce proverbe peut être employé. Pour éviter la lassitude, il faudra rechercher des variations dans l'intonation. Certains rétorqueront que ce proverbe manie trop l'euphémisme et risque de ne pas être saisi par le malotru de service. Ce n'est pas faux. Dans ce cas, préférer la formule plus directe mais aussi plus grossière : « Alors, tout pour ta gueule ! »

AUTREMENT DIT

Chacun cherche son propre profit. ~ Le mal d'autrui n'est qu'un songe. ~ Autres temps autres mœurs. ~ Chacun chez soi et les poules seront bien gardées.

SCIENCE

Nous ne sommes savants que de la science présente.

Cette formule, tirée des *Essais* (1580) de Montaigne, déplore l'accumulation des connaissances au détriment de la vraie réflexion. L'extrait original (vous pouvez le lire sans difficulté !) permet de remettre dans son contexte cet avertissement dont la pédagogie contemporaine ferait bien de s'inspirer :
« De vrai, le soin et la despence de nos peres ne vise qu'à nous meubler la teste de science ; du jugement et de la vertu, peu de nouvelles. Criez d'un passant à nostre peuple : O le sçavant homme ! Et d'un autre : O le bon homme ! Il ne faudra pas de tourner les yeux et son respect vers le premier. Il y faudroit un tiers crieur : O les lourdes testes ! Nous nous enquerons volontiers : Sçait-il du Grec ou du Latin ? escrit-il en vers ou en prose ? Mais s'il est devenu meilleur ou plus advisé, c'estoit le principal, et c'est ce qui demeure derriere. Il falloit s'enquerir qui est mieux sçavant, non qui est plus sçavant. Nous ne travaillons qu'à remplir la memoire, et laissons l'entendement et la conscience vuide. Tout ainsi que les oyseaux vont quelquefois à la queste du grein, et le portent au bec sans le taster, pour en faire bechée à leurs petits, ainsi nos pedantes vont pillotant la science dans les livres, et ne la logent qu'au bout de leurs lévres, pour la dégorger seulement et mettre au vent. C'est merveille combien proprement la sottise se loge sur mon exemple. Est-ce pas faire de mesme, ce que je fay en la plus part de cette composition ?

Je m'en vay, escorniflant par cy par là des livres les sentences qui me plaisent, non pour les garder, car je n'ay point de gardoires, mais pour les transporter en cettuy-cy, où, à vray dire, elles ne sont non plus miennes qu'en leur premiere place. Nous ne sommes, ce croy-je, sçavants que de la science presente, non de la passée, aussi peu que de la future. »

MODE D'EMPLOI

✦ À afficher dans les bureaux de la direction des programmes de l'Éducation nationale.
✦ À dire dans une réunion de professeurs où certains s'angoissent à l'idée de ne pas boucler le programme…

AUTREMENT DIT

Science sans conscience n'est que ruine de l'âme (Rabelais, *Pantagruel*, 1532). ~ On ne reconnaît pas le vin aux cercles.

Science sans conscience n'est que ruine de l'âme.

Les deux guerres mondiales, la bombe nucléaire, les armes chimiques, certaines manipulations génétiques, de multiples pollutions industrielles, etc. La liste est longue des errements de l'humanité dévoyant avec constance des progrès scientifiques. Avoir une conscience morale omniprésente pour éviter les dérives et les apprentis-sorciers, voilà le message que Pantagruel envoie à son fils Gargantua et que nous donne Rabelais dans sa maxime (*Pantagruel*, 1532).

MODE D'EMPLOI

À faire apprendre par cœur aux enfants ; puis devenus grands, le répéter particulièrement à ceux qui sont devenus scientifiques, politiques, industriels, banquiers, etc. Liste non exhaustive.

AUTREMENT DIT

La morale doit être l'étoile polaire de la science (Chevalier de Boufflers, *Pensées et Fragments*, 1816). ~ Expérience passe science.

Un sot savant est sot plus qu'un sot ignorant.

Manière de souligner que la connaissance n'exclut pas la pédanterie, la suffisance et la sottise et que, dans certains cas, elle peut même les amplifier ; chacun mesurera à quel point cette maxime de Molière (*Les Femmes savantes*, 1672) conserve toute sa pertinence. D'où l'avantage de relire ce vif échange moliéresque :

« CLITANDRE
Cette vérité veut quelque adoucissement.
Je m'explique, Madame, et je hais seulement
La science et l'esprit qui gâtent les personnes.
Ce sont choses de soi qui sont belles et bonnes ;
Mais j'aimerais mieux être au rang des ignorants,
Que de me voir savant comme certaines gens.

TRISSOTIN
Pour moi, je ne tiens pas, quelque effet qu'on suppose,
Que la science soit pour gâter quelque chose.

CLITANDRE
Et c'est mon sentiment qu'en faits, comme en propos,
La science est sujette à faire de grands sots.

TRISSOTIN
Le paradoxe est fort.

CLITANDRE
Sans être fort habile,
La preuve m'en serait, je pense, assez facile :
Si les raisons manquaient, je suis sûr qu'en tout cas
Les exemples fameux ne me manqueraient pas.

TRISSOTIN
Vous en pourriez citer qui ne concluraient guère.
CLITANDRE
Je n'irais pas bien loin pour trouver mon affaire.
TRISSOTIN
Pour moi, je ne vois pas ces exemples fameux.
CLITANDRE
Moi, je les vois si bien, qu'ils me crèvent les yeux.
TRISSOTIN
J'ai cru jusques ici que c'était l'ignorance
Qui faisait les grands sots, et non pas la science.
CLITANDRE
Vous avez cru fort mal, et je vous suis garant
Qu'un sot savant est sot plus qu'un sot ignorant.
(*Les Femmes savantes*, IV, 3)

MODE D'EMPLOI

En guise de conclusion dans un débat scientifique sur le réchauffement climatique où s'opposent ceux qui pensent que l'impact des activités humaines a son importance dans le phénomène, tandis que les autres continuent de chanter « Tout va très bien madame la marquise » !

AUTREMENT DIT

On souhaite la paresse d'un méchant et le silence d'un sot (Chamfort, *Maximes et pensées*, 1796). ~ Sottes gens, sotte besogne (Mme de Sévigné, *Lettre à Mme de Grignan*, 1675).

SILENCE

Il est bon de parler, et meilleur de se taire.

On pourrait penser avec le déferlement médiatique continu que le silence, conçu comme maîtrise de la parole et de la pensée, est devenu une denrée rare de notre époque ; ce vers tiré de la fable *L'Ours et l'Amateur de jardins* (1678) de La Fontaine nous rassure un peu en nous révélant que ce phénomène n'est pas vraiment nouveau. Pour autant ce n'est pas une invitation à devenir muet, car le fabuliste précise au vers suivant : « Mais tous deux sont mauvais alors qu'ils sont outrés. »

MODE D'EMPLOI

✦ Imaginons un chroniqueur de télévision capable de limiter son intervention d'un jour à ce seul proverbe. Rêvons…

✦ Dans une réunion, vous avez eu un petit coup de « pompe » et vous avez lutté pour ne pas vous assoupir, mais l'essentiel de la discussion vous a complètement échappé. Un participant s'étonne de votre silence. C'est le moment d'utiliser le proverbe en adoptant le ton de celui qui a beaucoup réfléchi…

AUTREMENT DIT

Celui qui ne sait pas se taire sait rarement bien parler (Pierre Charron, *De la sagesse*, 1601). ~ On parle toujours mal quand on n'a rien à dire (Voltaire, *Commentaires sur Corneille*, 1719). ~ La parole est d'argent, mais le silence est d'or. ~ Les grands diseurs ne sont pas les grands faiseurs (Léon Martel, *Recueil de proverbes français*, 1883).

La parole est d'argent, mais le silence est d'or.

Grâce aux mots nous pouvons nommer, faire exister, exprimer pensées et sentiments, bref communiquer ; mais à cause des mots, nous pouvons aussi faire des gaffes, des erreurs, blesser. C'est pourquoi dans certains cas, se taire n'a pas de « prix »…

MODE D'EMPLOI

Dans une époque où les moyens de communication ont amplifié le pouvoir des mots, ce proverbe est comme une sorte de limiteur de débit pour contrôler ce que l'on va dire (un peu comme le limiteur de vitesse sur les voitures permet de ne pas dépasser les vitesses autorisées). Son usage permettrait d'éviter les bourdes et les rattrapages maladroits comme « excuse-moi, les mots ont dépassé ma pensée » ou plus contemporain mais qui ne trompe personne : « non, là je rigole ! »

AUTREMENT DIT

Qui garde sa bouche garde son âme. ~ On se repent souvent de parler, jamais de se taire. ~ Les morveux veulent toujours moucher les autres.

Le silence est l'âme des choses.

Cette formule rappelle la méfiance attachée aux mots qui peuvent éloigner de l'essence de ce qu'ils nomment ; ici, le constat tourne au paradoxe puisqu'il est l'œuvre d'un poète Maurice Rollinat (*Les Névroses*, 1883).

MODE D'EMPLOI

✦ Pour faire taire un bavard. Entreprise délicate. Peut-être lui lire l'intégralité du poème de Maurice Rollinat que plus personne ne connaît.
✦ Pour rendre perplexe.

AUTREMENT DIT

Trop parler nuit. ~ La parole est d'argent, mais le silence est d'or. ~ Qui garde sa bouche garde son âme (Bible).

Qui ne dit mot consent.

Il faut être attentif et toujours prêt à prendre la parole ! Car ne pas réagir face à une proposition ou une décision équivaut à donner son accord ; c'est le sens de cette sentence dont on trouve une formulation dans le *Sexte*, un recueil de droit canonique rédigé à la fin du XIIIe siècle sous l'autorité du pape Boniface VIII : « *qui tacet consentire videtur* » (« qui se tait semble consentir »). Voilà, c'est dit !

MODE D'EMPLOI

✦ À adresser de manière préventive aux petits malins qui ne se positionnent pas, pour ne pas se priver par la suite d'émettre des critiques acerbes.
✦ Pour couper les beaux discoureurs qui critiquent les politiques mais ne s'engagent jamais, ne votent jamais.

AUTREMENT DIT

Assez octroie qui se tait. ~ Le silence est un aveu.

SOLITUDE

Homme seul est viande à loups.

Proverbe ancien qui rappelle le temps où il n'était pas prudent de traverser seul une forêt au risque d'y rencontrer des loups ou des personnes mal intentionnées. Le sens métaphorique suggère aussi que, dans la société humaine, il peut être dangereux d'être seul contre tous.

MODE D'EMPLOI

Pour se moquer (gentiment) d'une personne qui « boude » dans une soirée où tout le monde s'amuse. Ou pour engager la conversation avec un(e) timide qui sera sans doute interloqué(e) par la formule et se demandera à quel « zozo » il (elle) a affaire.

AUTREMENT DIT

Il faut hurler avec les loups. ~ Être bête de compagnie. ~ Plus on est de fous, plus on rit.

Il n'y a que le méchant qui soit seul.

Socrate nous l'a dit, l'homme est un animal social, il a besoin des autres ; dès lors, le solitaire (excepté Lucky Luke bien sûr !) a tendance à être regardé d'un mauvais œil ; c'est ce que rappelle ici Constance, personnage d'un drame de Diderot (*Le Fils naturel*, 1757) : « J'en appelle à votre cœur ; interrogez-le ; et il vous dira que l'homme de bien est dans la société, et qu'il n'y a que le méchant qui soit seul. » Il semble que cette sentence fut à l'origine de la brouille du philosophe avec Jean-Jacques Rousseau (rêveur solitaire !) qui se sentit visé par la formule.

MODE D'EMPLOI

✦ Pour décider un proche à vous accompagner au Memphis Bar malgré l'heure tardive.
✦ Lors d'une discussion qui s'éternise, chacun a sa solution et n'en démord pas. Pour montrer la nécessité de trouver un compromis.

AUTREMENT DIT

Il faut hurler avec les loups. ~ Les oiseaux de même plumage volent en troupe (*Bible*).

La solitude est à l'esprit ce que la diète est au corps.

Si Socrate nous a dit que l'homme est un animal social, cette formule de Vauvenargues (*Réflexions et Maximes*, 1746) nous dit aussi que la solitude choisie, et non subie, peut être bénéfique et permettre de prendre une saine et reposante distance avec l'agitation de la vie quotidienne. Régime diététique pour le cerveau donc !

MODE D'EMPLOI

Pour décliner l'invitation des amis et leur faire comprendre que non, vous n'êtes pas dépressif, mais que vous avez seulement envie de souffler un peu. Et puis, rien ne vous oblige à leur dire comme dans la chanson de Bénabar que vous avez commandé une pizza et que vous ne les aimez pas !

AUTREMENT DIT

Faire son petit pot à part. ~ Il vaut mieux être seul que mal accompagné.

Mieux vaut être seul que mal accompagné.

À deux on fait mieux. Oui, mais pas toujours, comme le signale ce proverbe recueilli par Pierre Gringore dans *Notables Enseignements, Adages et Proverbes* (1527). En effet, lorsqu'on ne décide pas de sa compagnie, cela s'avère parfois pesant, voire problématique. Alors, si un « boulet » est en vue, retenons la leçon, fuyons !

MODE D'EMPLOI

✦ Idéal pour mettre fin à une relation pesante. Attention cependant, car la radicalité de ce proverbe peut provoquer des réactions violentes chez la personne visée. Prendre donc des précautions : laisser tourner le moteur de la voiture ; avoir la main sur la poignée de la porte ; se rappeler ses cours d'auto-défense ; avoir une bonne condition physique, etc.

✦ Ce à quoi rêvent les Parisiens entassés le matin dans un métro de la ligne 13 !

AUTREMENT DIT

Les mauvaises compagnies corrompent les bonnes mœurs (Ménandre, *Monostiques*, IVe siècle av. J.-C.). ~ On n'est jamais si bien servi que par soi-même (Charles-Guillaume Étienne, *Bruis et Palaprat*, 1807).

VÉRITÉ

La vérité est dans le vin.

Elle est passée par ici, elle repassera par là : certains la trouvent au fond du puits, d'autres dans la bouche des enfants, de quoi perdre la tête, d'autant que ce proverbe nous « invite » à la chercher dans le vin, en partant du constat que sa consommation libère les inhibitions et révèle des choses qui seraient tues dans un état normal. On trouve cette formule sous sa forme latine « *in vino veritas* » dans un passage de l'*Histoire naturelle* (77 apr. J.-C.) de Pline l'Ancien.

MODE D'EMPLOI

Pour les Indiana Jones de la vérité : en accompagnant la dégustation d'un Saint-Estèphe, d'un Chambolle-Musigny, d'un Aloxe-Corton, d'un Lalande de Pomerol, d'un Margaux, d'un Puligny-Montrachet, d'un quarts-de-chaume, etc.

AUTREMENT DIT

Vérité en deçà des Pyrénées, erreur au-delà (Pascal, *Pensées*, 1670). ~ Chaque vin a sa lie. ~ Vin versé, il faut le boire.

La vérité sort de la bouche des enfants.

Les premiers temps de l'enfance et de la parole sont ceux de l'innocence ; l'idée de ne pas tout dire, de cacher des choses, vient après. Ainsi, les enfants révèlent parfois ce que les adultes auraient préféré garder secret. Ce proverbe apparaît dès l'Antiquité, notamment dans *Le Banquet* (380 av. J.-C.) de Platon et dans des passages du *Nouveau Testament*, comme celui-ci :
« En ce temps-là, Jésus prit la parole, et dit : Je te loue, Père, Seigneur du ciel et de la terre, de ce que tu as caché ces choses aux sages et aux intelligents, et de ce que tu les as révélées aux enfants. » (Matthieu, 11:25)

MODE D'EMPLOI

À méditer, en essuyant le vomi de votre petit dernier qui n'a pas aimé le gratin de choux-fleurs qu'on l'a forcé à goûter. D'ailleurs vous aussi, vous trouvez qu'il a un drôle de goût ce gratin.

AUTREMENT DIT

Les menteurs sont les enfants du diable. ~ L'enfance est le sommeil de la raison (Jean-Jacques Rousseau, *Émile*, 1769).

Le vrai peut parfois n'être pas vraisemblable.

Cette sentence est extraite de l'*Art poétique* (1674) de Nicolas Boileau ; le poète y définit la fameuse règle des trois unités (lieu, action, temps) du théâtre classique. Elle rappelle à quel point la réalité est un phénomène complexe à saisir : être allé sur la lune peut paraître invraisemblable et pourtant c'est vrai ; quant à la vraisemblance, elle prend l'apparence de la vérité, du réel, semble plausible, mais peut ne pas être vraie. Allez comprendre !

MODE D'EMPLOI

Pour servir de thème à un jeu de société où il s'agit pour chacun des participants de raconter tour à tour une histoire qui paraît vraisemblable ; aux autres de deviner si elle est vraie ou fausse.

AUTREMENT DIT

La vérité est comme l'huile : elle monte toujours à la surface. ~ On ne peut cacher aiguille en sac.

Nature ne peut mentir.

À considérer malgré tout avec précaution, car ce proverbe du Moyen Âge nous incite à penser que l'instinct est infaillible. Vrai dans certains cas, faux dans d'autres ? À vérifier.

MODE D'EMPLOI

Vous êtes perdus sur un sentier de grande randonnée ; précisément, vous n'êtes plus sur le sentier de grande randonnée, sinon vous ne seriez pas perdu ! Vous devez choisir entre deux petits diverticules peu engageants. Que faire ? Se rappeler ce proverbe et… bonne chance !

AUTREMENT DIT

La raison nous trompe plus souvent que la nature (Vauvenargues, *Réflexions et Maximes*, 1746). ~ La nature ne fait rien sans objet (Aristote, *Politique*, IVe av. J.-C.).

Toute vérité n'est pas bonne à croire.

C'est ce que nous dit le personnage de Figaro dans la pièce *Le Mariage de Figaro* (1784) de Beaumarchais, qui cherche à déjouer les manœuvres du Comte Almaviva qui veut lui ravir sa femme Suzanne. C'est le constat d'un homme mûri par les épreuves qu'il a traversées et considère qu'il faut toujours relativiser les certitudes. Retenons sa leçon :

« SUZANNE. Tu vas exagérer : dis ta bonne vérité.

FIGARO. Ma vérité la plus vraie !

SUZANNE. Fi donc, vilain ! en a-t-on plusieurs ?

FIGARO. Oh ! que oui. Depuis qu'on a remarqué qu'avec le temps vieilles folies deviennent sagesse, et qu'anciens petits mensonges assez mal plantés ont produit de grosses, grosses vérités, on en a de mille espèces. Et celles qu'on sait, sans oser les divulguer : car toute vérité n'est pas bonne à dire ; et celles qu'on vante, sans y ajouter foi : car toute vérité n'est pas bonne à croire ; et les serments passionnés, les menaces des mères, les protestations des buveurs, les promesses des gens en place, le dernier mot de nos marchands, cela ne finit pas. Il n'y a que mon amour pour Suzon qui soit une vérité de bon aloi. »

(*Le Mariage de Figaro*, IV, 1)

MODE D'EMPLOI

✦ Pour mettre à distance les idées reçues et toujours essayer de se faire sa propre opinion. Facile à dire, pas à faire.

✦ Ce que peut se dire un mari qui découvre l'amant de sa femme dans le placard ! Uniquement pour les amateurs de vaudevilles !

AUTREMENT DIT

Il n'y a que la vérité qui blesse. ~ Toute vérité n'est pas bonne à dire (Beaumarchais, *Le Mariage de Figaro*, 1784). ~ Il n'y a pas de fumée sans feu.

VERTU

Ce qui nous empêche souvent de nous abandonner à un seul vice est que nous en avons plusieurs.

Ouf ! Pas tendre avec ses congénères La Rochefoucauld (*Réflexions ou Sentences et Maximes morales*, 1665). Pour échapper à l'ironie mordante de sa formule, on peut toujours se réfugier derrière le « souvent » qui laisse supposer que certains n'ont qu'un seul vice ! En faites-vous partie ?

MODE D'EMPLOI

✦ Laisser la maxime traverser l'esprit en levant son verre dans une soirée bien arrosée, tout en reprenant de l'omelette norvégienne et en allumant un bon cigare.
✦ En observant le contentement de vos amis (appelons-le comme cela), rien ne vous interdit de leur livrer la formule.

AUTREMENT DIT

J'aime mieux un vice commode. Qu'une fatigante vertu (Molière, *Amphitryon*, 1668). ~ Les vertus devraient être sœurs - Ainsi que les vices sont frères (La Fontaine, *Les Deux Chiens et l'Âne mort*, 1678).

L'hypocrisie est un hommage que le vice rend à la vertu.

L'homme est un paradoxe ambulant, car il se fixe comme objectif une perfection qu'il ne peut, le plus souvent, pas atteindre lui-même; alors il fait semblant d'être parfait. Voilà la contradiction majeure que pointe cette maxime de La Rochefoucauld (*Réflexions ou Sentences et Maximes morales*, 1665).

MODE D'EMPLOI

✦ À donner à un donneur de leçons.
✦ À placer dans un conseil de discipline pour éviter que le cas traité ne devienne un bouc émissaire qui « paye » pour toutes les autres fautes commises.
✦ S'en souvenir (et donc revoir sa propre jeunesse) en découvrant les revues « érotiques » cachées dans la chambre de « l'ado » (ou les fichiers sur l'ordinateur !).

AUTREMENT DIT

La profession d'hypocrites a de merveilleux avantages (Molière, *Dom Juan*, 1665). ~ Faire le pois véreux.

Tous les vices à la mode passent pour des vertus.

Molière nous parle ici de son époque (*Dom Juan*, 1665) ; mais l'effort n'est pas grand à faire pour y voir aussi la nôtre. Relisons cette charge contre l'hypocrisie pour constater de troublantes similitudes entre le XVIIe siècle et ce début de XXIe.

« SGANARELLE : Quoi ? vous ne croyez rien du tout, et vous voulez cependant vous ériger en homme de bien ?

DOM JUAN : Et pourquoi non ? Il y en a tant d'autres comme moi, qui se mêlent de ce métier, et qui se servent du même masque pour abuser le monde !

SGANARELLE : Ah ! quel homme ! quel homme !

DOM JUAN : Il n'y a plus de honte maintenant à cela : l'hypocrisie est un vice à la mode, et tous les vices à la mode passent pour vertus. Le personnage d'homme de bien est le meilleur de tous les personnages qu'on puisse jouer aujourd'hui, et la profession d'hypocrite a de merveilleux avantages. C'est un art de qui l'imposture est toujours respectée ; et quoiqu'on la découvre, on n'ose rien dire contre elle. Tous les autres vices des hommes sont exposés à la censure, et chacun a la liberté de les attaquer hautement ; mais l'hypocrisie est un vice privilégié, qui, de sa main, ferme la bouche à tout le monde, et jouit en repos d'une impunité souveraine. On lie, à force de grimaces, une société étroite avec tous les gens du parti. Qui en choque un, se les jette tous sur les bras ; et ceux que l'on sait même agir de bonne foi là-dessus, et que chacun connaît pour être véritablement touchés, ceux-là, dis-je, sont toujours les dupes des autres ; ils donnent hautement dans le panneau des grimaciers, et appuient aveuglément les singes de leurs actions. Combien crois-tu que j'en connaisse qui, par ce stratagème, ont rhabillé adroitement les désordres de leur jeunesse, qui se sont fait un bouclier du manteau de la religion, et, sous cet habit respecté, ont la permission d'être les plus méchants hommes du monde ? On a beau savoir leurs intrigues et les connaître pour ce qu'ils sont, ils ne laissent pas pour cela d'être en crédit parmi les gens ; et quelque baissement de tête, un soupir mortifié, et deux roulements d'yeux rajustent dans le monde tout ce qu'ils peuvent faire. C'est sous cet abri favorable que je veux me sauver, et mettre en sûreté mes affaires. Je ne quitterai point mes douces habitudes ; mais j'aurai soin de me cacher et me divertirai à petit bruit. Que si je viens à être découvert, je verrai, sans me remuer, prendre mes intérêts à toute la cabale, et je serai défendu par elle envers et contre tous. Enfin c'est là le vrai moyen de faire impunément tout ce que je voudrai. Je m'érigerai en censeur des actions d'autrui, jugerai mal de tout le monde, et n'aurai bonne opinion que de moi. Dès qu'une fois on m'aura choqué tant soit peu, je ne pardonnerai jamais et garderai tout doucement une haine irréconciliable. Je ferai le vengeur des intérêts du Ciel, et, sous

ce prétexte commode, je pousserai mes ennemis, je les accuserai d'impiété, et saurai déchaîner contre eux des zélés indiscrets, qui, sans connaissance de cause, crieront en public contre eux, qui les accableront d'injures, et les damneront hautement de leur autorité privée. C'est ainsi qu'il faut profiter des faiblesses des hommes, et qu'un sage esprit s'accommode aux vices de son siècle. »
(*Dom Juan*, V, 2).

MODE D'EMPLOI

À citer en présence d'un Tartuffe contemporain ; comme cela ne manque pas, la sentence est malgré tout à consommer avec modération, sinon le risque de passer son temps à se répéter est grand.

AUTREMENT DIT

Nos vertus ne sont le plus souvent que des vices déguisés (La Rochefoucauld, *Maximes*, 1675). ~ À beau mentir qui vient de loin (Abbé Thuet, *Matinées sénonaises ou Proverbes français*, 1789).

Violence

On peut être un héros sans ravager la terre.

Il fallait assurément du cran à Nicolas Boileau pour adresser ce conseil à Louis XIV dans une *Épître au Roi* (1669) ; tout le texte prône pour un pacifisme et stigmatise la guerre qui n'apporte que malheur aux peuples. Et Boileau d'enfoncer le clou :
« Mais, quelques vains lauriers que promette la guerre,
On peut être héros sans ravager la terre.
Il est plus d'une gloire. En vain aux conquérants
L'erreur, parmi les rois, donne les premiers rangs ;
Entre les grands héros ce sont les plus vulgaires. »

MODE D'EMPLOI

✦ Pour rabattre la morgue (mais est-ce possible ?) des va-t-en-guerre.
✦ Pour expliquer pourquoi Sylvester Stallone n'est pas votre acteur préféré !

AUTREMENT DIT

Le despote coupe l'arbre pour avoir le fruit (Montesquieu, *L'Esprit des lois*, 1748).

Œil pour œil, dent pour dent.

Après quoi une visite chez l'ophtalmologiste et le dentiste s'impose ! Plus sérieusement, cette formule apparaît plusieurs fois dans *L'Ancien Testament* comme l'application de la loi du talion qui consistait à punir un coupable en proportion du mal qu'il avait commis. Sa lecture est controversée : pour les uns, appel à la violence et à la vengeance ; pour les autres, au contraire, manière de tempérer la punition et d'éviter les excès. À chacun de choisir !

MODE D'EMPLOI

Pour montrer que la violence d'hier n'avait hélas rien à envier à celle d'aujourd'hui, les amateurs de textes bibliques pourront apprendre la phrase complète extraite de l'*Exode* : « Mais s'il y a une conséquence malheureuse, tu donneras vie pour vie, œil pour œil, dent pour dent, main pour main, pied pour pied, brûlure pour brûlure, blessure pour blessure, plaie pour plaie. »

AUTREMENT DIT

C'est un grenier à coups de poing. ~ Se manger le blanc des yeux. ~ Le gibet ne perd pas ses droits. ~ Le sang se lave dans le sang (Philon d'Alexandrie, *Des lois spéciales*, Ier siècle).

Plus fait douceur que violence.

Lorsque l'on prend un livre d'histoire ou que l'on observe notre monde agité, il semble que ce proverbe soit une vue de l'esprit. Mais tout n'est pas perdu. Cherchons encore à nous laisser convaincre par La Fontaine qui l'emploie dans sa fable *Phébus et Borée* (1668) en montrant comment le soleil (Phébus) gagne le pari suivant : par la douceur, faire ôter à un homme son manteau contre le mauvais temps ; alors que son adversaire le vent (Borée) est convaincu d'y arriver par la manière forte.

« Commencez. Je vous laisse obscurcir mes rayons.
Il n'en fallut pas plus. Notre souffleur à gage
Se gorge de vapeurs, s'enfle comme un ballon,
Fait un vacarme de démon,
Siffle, souffle, tempête, et brise en son passage
Maint toit qui n'en peut mais, fait périr maint bateau :
Le tout au sujet d'un manteau.
Le Cavalier eut soin d'empêcher que l'orage
Ne se pût engouffrer dedans.
Cela le préserva ; le Vent perdit son temps :
Plus il se tourmentait, plus l'autre tenait ferme ;
Il eut beau faire agir le collet et les plis.
Sitôt qu'il fut au bout du terme
Qu'à la gageure on avait mis,
Le Soleil dissipe la nue,
Recrée, et puis pénètre enfin le Cavalier,
Sous son balandras fait qu'il sue,
Le contraint de s'en dépouiller.
Encore n'usa-t-il pas de toute sa puissance.
Plus fait douceur que violence. »

MODE D'EMPLOI

✦ Ce que doit penser le pilier de rugby qui se relève péniblement après avoir reçu sur le dos un chapelet d'adversaires, et ne sait pas s'il est dans sa salle de bains ou au cinéma. Prévoir une évacuation d'urgence.

✦ Méthode du dresseur de chevaux qui veut ressembler à Robert Redford dans *L'Homme qui murmurait à l'oreille des chevaux*.

AUTREMENT DIT

Mieux vaut ruse que force. ~ Petit homme abat bien grand chêne, et douce parole grande ire (Antoine Le Roux de Lincy, *Livre des Proverbes français*, 1859).

Qui de glaive vit, de glaive périt.

Si les armes ont changé, ce proverbe du Moyen Âge tiré de *Proverbes que dit li vilains* (XIIIe siècle) conserve, malgré tout et hélas, toute son actualité ; à titre d'exemple, la fin de vie de deux dictateurs particulièrement violents, Saddam Hussein et Mouammar Kadhafi.

MODE D'EMPLOI

Pour montrer aux belliqueux et autres bellicistes que la violence n'a jamais rien réglé. Mais ne se faire aucune illusion en pensant à Gandhi et Martin Luther King…

AUTREMENT DIT

La violence engendre la violence. ~ Qui sème le vent récolte la tempête. ~ Mieux vaut ruse que force.

Vivre ensemble

Les bons comptes font les bons amis.

Ce proverbe nous vient de l'Antiquité (il est cité par Aristote) et nous rappelle que ce qui est dû doit être acquitté dans les délais prévus, faute de quoi, c'est le début des querelles. L'emploi de cette formule dépasse largement le cadre de l'amitié, où là, bien sûr, elle met dans la balance un sentiment à préserver.

MODE D'EMPLOI

✦ En ramenant, légèrement piteux et avec du retard (un peu !), la caméra que vous aviez empruntée à un ami pour vos vacances dans le Finistère.

✦ En signalant au cours d'un repas à votre ami que vous aimeriez bien récupérer la caméra que vous lui avez prêtée il y a trois mois pour ses vacances dans le Finistère.

AUTREMENT DIT

Entrailles, cœurs et boursets, Aux amis doivent être ouvertes. ~ Il ne faut pas compter avec ses amis.

On ne mélange pas les torchons avec les serviettes.

Dans l'Ancien Régime, l'usage voulait que les serviettes (plus raffinées) soient réservées aux nobles et les torchons (plus grossiers) aux domestiques. C'est sans doute cette distinction qui a développé le sens métaphorique et méprisant du proverbe signifiant que l'on ne mélange pas les classes sociales. Même si l'usage domestique contemporain est à la serviette jetable, la vivacité de ce proverbe montre que la ségrégation sociale demeure profondément ancrée.

MODE D'EMPLOI

Si possible uniquement en rangeant le linge dans l'armoire. Sinon l'emploi de ce proverbe peut provoquer des inimitiés durables en « froissant » des susceptibilités.

AUTREMENT DIT

Nous n'avons pas les mêmes valeurs. ~ La lime n'est pas entamée par le serpent (La Fontaine, *Le Serpent et la Lime*, 1668).

Qui a bon voisin a bon matin.

Les journaux regorgent de faits divers relatant des querelles de voisinage qui ont dégénéré. Ce proverbe du Moyen Âge en faisait déjà le constat en rappelant la quiétude qu'apporte un voisinage convivial et compréhensif. La fête des voisins, qui existe depuis 1999, en est une preuve éclatante.

MODE D'EMPLOI

En écoutant sans s'énerver (au choix, mais pas tous en même temps) :
– les aboiements du chien du voisin,
– la tondeuse du voisin un dimanche après-midi,

– la scène de ménage de l'appartement du dessous,
– « Alexandrie, Alexandra », de Claude François qui fait vibrer votre plafond à 3 h 00 du matin, car c'est la fête dans l'appartement du dessus,
– en épongeant l'eau qui coule dans votre salon, car votre voisin du dessus a, pour la troisième fois cette année, encore oublier de fermer le robinet de sa baignoire.

AUTREMENT DIT

Aimez votre voisin mais n'abattez pas la haie. ~ Voisin sait tout (*Proverbes au vilain*, manuscrit du Moyen Âge).

INDEX